ミミテック学習で大学受験・
5人の体験談

3ヵ月で英語が偏差値25アップ

ミミテックメソッド開発者
松井和義

JN298827

コスモ21

もくじ

3ヵ月で英語が偏差値25アップ

プロローグ

「3ヵ月で偏差値が25もアップ」進化したミミテックメソッド

大部分の受験生が、睡眠時間を削り必死に猛勉強しています。その中であなたは、突出した成果を上げ成績を伸ばしていますか。ほとんどの方がノーだと思います。

何故なら、皆同じ土俵で、同じような勉強の仕方で競争しているからです。ところが、学習方法を変えて短期間に偏差値を20も30も伸ばすことができるとしたら、あなたはどうしますか。

私は青年期に湯川秀樹博士やアインシュタイン博士をはじめとする大天才と言われる人達との直接、間接の出会いを通して天才的頭脳になる秘訣を研究してきました。彼らは最初から天才だったわけではありません。まったく普通の子どもでした。

何故、彼らは天才になれたのでしょうか。

それは、彼らがイメージ脳と言われる右脳機能を使っていたからでした。ところが、現代の学校教育は左脳機能に偏った学習方法です。左脳機能のみでは、残念ながらどんなに必死に勉強しても、わずか数%の能力しか発揮できません。

90%以上は右脳機能側に眠っているからです。大天才達は皆、イメージ力が大変豊かです。だから創造力に満ちていたのです。彼らは幼少期から論語や古典、旧約聖書を毎日毎日繰り返し、背筋をまっすぐ伸ばし、腹の底から大きな声を出し音読暗唱をし続け、難解な書を暗記してしまいました。１００回ほどの暗唱で全部覚えてしまったのです。それにより、長期記憶力や創造力をはじめとする各種潜在能力を開きました。

同じ文章を１００回繰り返し音読暗唱し、頭の中心まで、自分の声を響かせることが、幼少期に右脳側の潜在能力を開く秘訣だったのです。私はそのことを、幼少期を逃してしまった子どもや学生、大人でも可能になる方法を研究し続け、開発することに成功しました。それがミミテックメソッドです。

私達は自分の声を自分の耳では、わずか10%しか聞いていません。それを１００%自分の耳に戻し、フィードバックさせる方法が、ミミテック学習器による音読学習法です。

しかもミミテック学習器は「記憶、言葉の天才」時期である幼児期の耳を集音部に採用した音読学習器なのです。このミミテック学習器を通して聞こえる声は、記憶の天才時期を再び、あなたに取り戻してくれます。

このことは、脳科学者である信州大学の寺沢宏次教授や、諏訪東京理科大学の篠原菊紀教授との共同研究でも科学的に検証されました。

詳しくは著書『幼児・小中高生・大学生がたちまち天才脳開花』（ミミテックサイエンスアカデミー刊）をご参照ください。

この最新のハイテクノロジーを用いたミミテック学習器やミミテックサウンドCD教材

写真１　ミミテック学習器

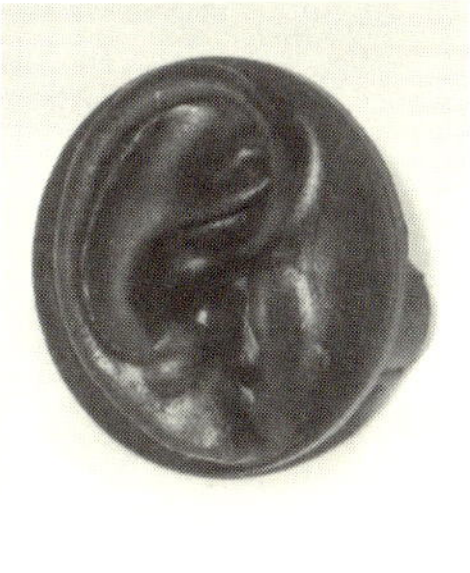

写真２　人工耳介

【写真１】右脳回路からダイレクトに間脳に働きかける
ミミテック学習器

【写真２】これが「ミミテック学習器」に内蔵されている人工耳介

を使うことで、受験生達が、実に短期間に眠っている潜在能力を開き、いっきに学力をアップさせることに成功したのです。

そのスタートは、数回繰り返すミミテック音読学習のみで、2週間後から全ての英語テストで100点を取り出し、更にその後2ヵ月間でほとんどの教科で偏差値を10アップさせた私の長男（当時高2）からでした。

それは平成10年4月の出来事でした。その後、更に教科ごとの音読の仕方や、英語、社会（地歴・公民）、理科、国語等のミミテック学習教材の開発が進みました。このため今では体験した人が、英語、国語、社会（地歴・公民）、理科の偏差値わずか3ヵ月で10〜25アップするというミラクルなレベルにまで達し、難関大学に当たり前のように合格しています。

1年かけて偏差値が30アップし、落ちこぼれからトップレベルにまで至った小中学生達も全国に続出しています。

本体験レポートは、その中でも、合否判定C〜Eランクから、わずか3ヵ月間で、英語、国語、社会（地歴・公民）、理科（生物等）の偏差値を15〜25アップさせ、奇跡の大学受験合格を果たした人達の生の声を紹介したものです。

まずは、論より証拠、5人のレポートをお読み下さい。

従来の常識ではありえないことが、彼らの頭の中に、当たり前のように生じたことがお分かりいただけると思います。しかも、その頭脳の変身ぶりにも、似通った共通性があることもお分かりいただけることと思います。決して特別な人達だけに限るものではなく、本気になれば誰にでも可能なことなのです。

さて、第1章の体験レポートに入る前に5人が短期間に学力を伸ばし、合否判定C～Eランクから奇跡的なスピード合格ももたらした2大秘訣

①耳から覚える高速学習教材「大学受験英語」

②長期記憶効果をもたらすミミテック音読学習法

に触れておきましょう。

①耳から覚える高速学習教材「大学受験英語」とは

「目＋手＋左脳」から「耳＋口＋右脳」の英語学習へ

今までの学校英語教育は、間違った学習手順と大変効率の悪い学習方法を行なってきました。その結果、中学・高校・大学と長年、英語を学びながら、ほとんどの人が苦手意識のみを持ってしまいました。

今、英語を社内公用語にしようとする企業も現れ、英語を話せる学生を最優先に採用しようという企業が急増しています。グローバル化した社会にあって生きた英語を身につけることは時代の要請でもあります。

では生きた英語を身につけるには、どうしたらよいでしょうか。一番簡単な方法は、1年間英語圏の国へ海外留学することです。それだけで十分、使える英語を身につけられます。しかし、それは一部の学生しか実現できないのが実情です。

何故、1年間の海外留学で英語が身につくのでしょうか。簡単な理屈です。朝から晩まで英語をシャワーのように聞き、英語をしゃべらなければ生活もできないからです。これは私達が母国語である日本語を無意識に自然に覚えたことと同じ原理です。

つまり幼少期に母親はじめ家族からシャワーのように言葉を聞き、口真似で日本語を覚えました。見て聞いて、触れて感じたまま、イメージとして言葉を覚えたわけです。

こうして私達は、自然に日本語を聞き取る耳ができ、日本語をしゃべれる口ができ、日本語を理解する脳ができ上がりました。文字を読み、書いて、文法を学ぶことは、日本語耳・口・脳ができ上がった上で、小学校入学の頃からスタートしたわけです。

つまり、世界のいかなる国の人々も同じ手順で母国語を覚えています。ヨーロッパのように、国々が陸続きの地域では、母国語以外の言語も、同様に耳で聞き、口真似してイメージで覚えることができました。

どんな言語も「耳＋口＋右脳（イメージ脳）」で覚えることが言語習得手順の大原則です。

残念ながら、今までの日本の学校英語教育は、「目＋手＋左脳（日本語訳と文法）」で英語学習をしてきました。目で文字を見て、手で書いて日本語脳で英語を学んできました。これではいつまでたっても、英語を聞き取る英語耳、ネイティブな英語口、英語を英語で覚える英語脳は育ちません。

ですから受験生が、英語発声と英語の意味を瞬時に聞き取るリスニングテストや、英語を英語のまま理解する長文読解テストが苦手なのは当たり前なのです。もちろん英語を聞いてしゃべる実践英語力は、まったく身につかないのも当然です。

ところがミミテックメソッドは、海外留学せずとも、いとも簡単に英語習得を可能にしてしまいました。特に受験生にとっては、海外留学している時間も金銭の余裕もありません。ミミテックメソッドは、受験生にとって、受験も成功し実践英語力も身につけられる〝一石二鳥〟の秘密兵器です。

では何故、耳から覚える高速学習教材「大学受験英語」がそれを可能にしたのでしょうか。

まず第1に、「大学受験英語」教材が、ミミテック学習CD教材であるところにあります。特殊録音によるミミテックサウンドのCD教材なのです。

ミミテック学習器は、日本人が聞き取れない英語独特の高音域の摩擦音、破裂音、無声音等の聞き取りを可能にしてくれました。日本語の全ての子音は、必ず「あいうえお」の母音発声を強く伴っていますが、英語は母音発声を伴わない子音発声です。そのため、大変高音で発声し、日本人には、ふだん使わない発声があまりに多く見られます。だから聞き取れないし、口真似もできません。

しかし、ミミテック学習器は世界の全ての言語を聞き分ける幼児期の耳を集音部に採用することで、その壁を乗り越えることができました。

英語の聞き取りを可能にしたミミテックサウンド

日本人が語学を習得する時には、大きな壁があると言われます。下図でも分かるように日本語でよく使う周波数帯域と、英語でよく使う周波数帯域はとても大きなズレがあります。

小さい頃から英語に慣れていない日本人は、英語独特

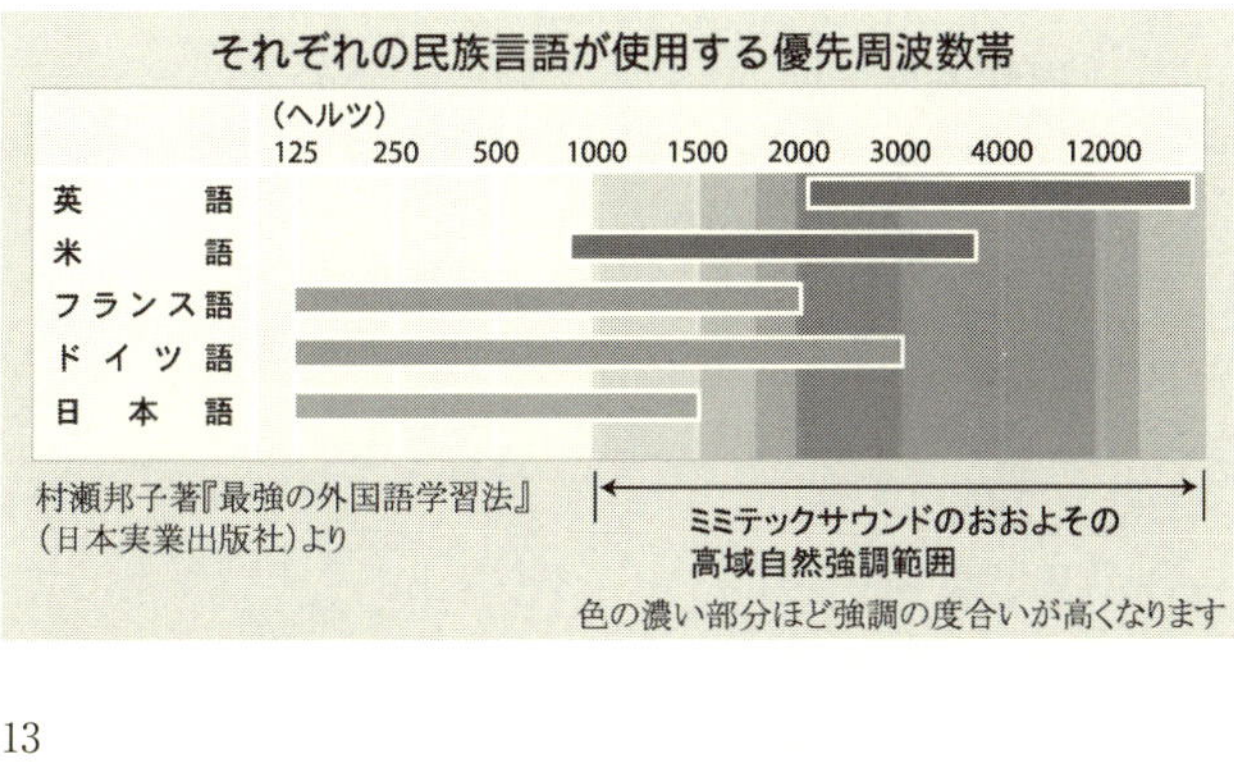

色の濃い部分ほど強調の度合いが高くなります

村瀬邦子著『最強の外国語学習法』
(日本実業出版社)より

の子音や破裂音、摩擦音などの高い音に反応する耳と脳の回路ができていません。そのため、聞き取れなかったり、カタカナ風の発音になったりしてしまうのです。

ところが音声をミミテック音読学習器に通すと、日本人に聞き取りにくい高い周波数の音を、下図のように増幅してくれます。その結果、英語特有の子音の破裂音などが、はっきり聞こえるようになります。すると自分でもそれを真似て発音できるようになり、短期間でネイティブ発音に近づくほど上達することができます。

第2は「大学受験英語」CD教材は、同じ英文が11回繰り返し流れてきます。この英文をひたすら聞き、口真似することにより、英語の耳と口ができ上がります。

英語を「文章の中で覚える」ことが、単語や文法を自然に学習していることにもなるのです。

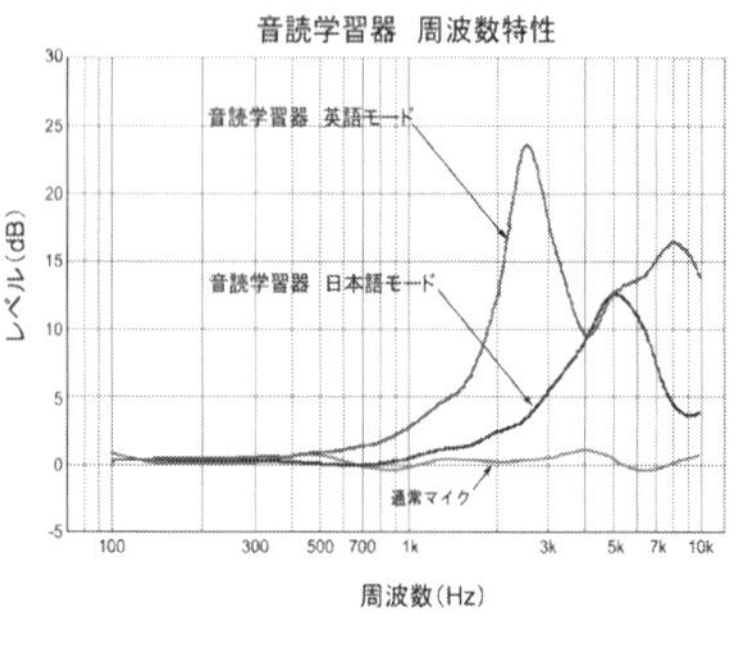

この時必ずヘッドホン(もしくはステレオイヤホン)で聞くことが大切です。スピーカーで室内に流すのでは、せっかくのミミテックサウンドが死んでしまいます。ヘッドホンで聞くことにより、鮮明に記憶されていくのです。

更に、英文の11回の繰り返しの中には、2倍速、3倍速の速いスピードも2回ずつ入っています。この高速と反復(繰り返し)でリスニングとスピーキングを行なうことで、日本語の頭で考え込むのでなく、英語を英語のままイメージを伴いインプットし、英語脳が形成されていくのです。無意識に英語がイメージで頭の奥へ刷り込まれていくのです。これが幼少期に、私達が日本語を覚えたのと同じ仕組みなのです。

毎日、30分から1時間レッスンを行なうことで、1ヵ月後には若い高校生の頭脳であれば、日本語脳とは別に英語脳が形成され、3ヵ月後には英語脳が完成されます。ですから本体験レポートの5人がこぞって3ヵ月後には成果が現れたわけなのです。

これが20代になると6ヵ月前後の期間を要し、逆に小中学生は、もっと早く成果が現れます。この差は、年齢と共に低下する右脳機能のイメージ力の差が原因です。

つまり、英語への取り組みは若いほど良いのです。そして英語は、どんなに忙しくても必ず毎日レッスンすることが絶対必要条件です。私達が幼少期に日本語を覚えたのも、毎日家族に囲まれていたからです。小中学生や高校1年生や2年生ならば、1日5分でも良いから毎日続けることが大切です。

実に愉快なことは、「大学受験英語」をレッスンし、受験に臨んだ学生達が「知ってる英語構文ばかり出てきた！」と口々に言うことです。これは、過去の大学入試に出題された過去問の頻度の高い構文1568を選び抜き、CD30枚に盛り込んだからなのです。

付属の体験版CDに「大学受験英語」の1レッスンが入っていますので、何度も繰り返し体験してみて下さい。

テキストを見ながら、ヘッドホンを使い、ひたすらリスニングとスピーキング（口真似）します。1レッスンを覚えたら、次にテキストも見ずに英語だけを聞いて、英語を書きだすディクテーションの練習をすると良いでしょう。

英語のスペルも「書く」ことでしっかり覚えられます。意外にネイティブでも英語のスペルを間違えているものです。

注：音楽用のステレオイヤホンは避けてください。
低音強調のため、せっかくの高音強調のミミテックサウンド効果がなくなります。

②なぜミミテック音読学習法がすごい長期記憶効果をもたらすのか

自分の潜在意識にインプット

スポーツは、知識だけ詰め込んでも技能や感覚は身につきません。基本動作を徹底的に訓練し鍛えることで初めて身につきます。更に超一流選手が他の選手と違う点は、イメージトレーニングでイメージ脳（右脳）を使い、潜在能力を開いていることです。

脳科学の観点から見れば、知識のみの詰め込みは左脳側、運動の基本訓練は小脳、そしてイメージトレーニングはイメージ脳（右脳）と更に奥の脳まで使っています。

まさに脳全体を使っているのです。これが超一流選手です。

学習も同様です。目だけで読む学習方法は、浅い左脳側の記憶学習です。そこに音読が加わると右脳側の少し深い記憶学習になります。更に「記憶の天才」である幼児期のイメージ記憶をもたらすミミテック音読学習をすることで、右脳のイメージ記憶回路は、全開し潜在能力がどんどん開花して、超長期記憶をもたらします。

おまけに人は、他人の声を脳が受け入れるかどうか、無意識にフィルターをかけ選別しています。大好きな人の声や音楽は受け入れますが、特に関心もないことや、好きでもない人の声は深く入りません。また、それまで好きだった人の言葉も、嫌いになったとたん耳に入らなくなります。

ところが自分の声だけは別です。脳は自分の声をいつも求めています。一生涯、死ぬまで、自分の声は脳深くの潜在意識にまで入ってゆきます。

だから「ありがとう！　ありがとう！」「私は運がいい！　私は運がいい！」「私はできる！　私はできる！」「私は合格する！　私は合格する！」といつも言っている人は全てうまくいくようになっています。

逆に「おもしろくない！　おもしろくない！」「私はついていない！　私はついていない！」と口癖のように言っている人は、その言葉のとおりに運が落ちていきます。

自分が発する言葉が潜在意識を作り上げ、現実化させてしまうからです。

ミミテック学習器での音読学習は、脳が最も喜ぶ自分の声を耳から１００％フィードバックさせます。しかも、幼児期のイメージ音に変換させ、どんどん頭の中心に響き潜在意識へインプットさせます。ですから、それほど覚えたつもりがなくても、思い出そうとしたら、瞬時にイメージで浮かんでくるのです。

英語もそうやってインプットされます。いわんや日本語はいきなりインプットされます。どんどんミミテック音読学習で、イメージ脳（右脳）へインプットしながら、重要語句を手で書く作業を何度も繰り返すことで、しっかりと左脳にも定着し表現力がついてきます。

ミミテックメソッド開発者　松井和義

1章

合否判定C～Eランクから3ヵ月で驚異のスピード合格を果たした5人の体験レポート

体験記1

わずか3ヵ月で苦手な世界史を克服！英語・世界史偏差値20アップし、念願の新潟大学に合格

梶山功亮 君（栃木県）

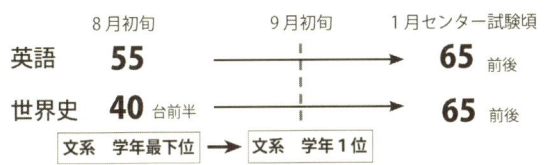

梶山君の偏差値推移

	8月初旬	9月初旬	1月センター試験頃
英語	55	→	65 前後
世界史	40 台前半	→	65 前後

文系　学年最下位 → 文系　学年1位

POINT　ミミテックで取り組んだ教科：英語、世界史、生物

☆**英語CD**：9月からスタート。毎日1時間、3ヵ月間で3通り学習。

☆**世界史**：夏休み1ヵ月間に毎日2～3時間教科書のミミテック音読学習。その結果、文系学年ビリから2～3位（8月初め）、9月初めには1位に飛躍。

☆**生物**：9月からミミテック音読スタートし、世界史同様に成績アップ。

部活が終わり、高3の8月から受験勉強スタート

僕は、高校では野球部に所属しており、2年ではレギュラー、3年で主将として2年半多忙な日々を送っていました。

県立の進学校でしたが、甲子園を目指していましたので、練習は厳しく、毎日夜8時まで全体練習を行ない、その後自主練習もしていたため、遅い日は夜10時や11時頃家に帰っていました。

特にキャプテンとして全体のまとめ役だったため、毎日、最後まで残りあと始末もしました。土日も練習試合でつぶれ、勉強できない状態が3年生の7月まで、

ずっと続いていました。

やっと受験勉強に入れたのは、7月の末、夏休みになった時からでした。国立の新潟大学が夢の第一志望だったのですが、その時点では合否判定Cランクの実力でした。

僕の入試科目は、英語、数学、国語、世界史、生物でした。その中で、特に苦手な教科は世界史でした。文系の学年全体の中で、ビリから2番、3番という所で、世界史の偏差値は45にも届きませんでした。僕は暗記科目が苦手で、生物も苦手でした。

英語はもともと好きな科目でしたが、それでも偏差値は55前後でしたので、合格には、ほど遠いのが現実でした。そんな僕が、新潟大学にも、中央大学にも合格したのですから、自分自身も家族も、先生も野球部の友達も皆ビックリでした。

特に松井先生からアドバイスしていただいた通りに取り組んだ、英語と世界史、生物が入試でどれも85点前後取れたことが、合格した最大の要因でした。

英語は9月から毎日1時間、欠かさず勉強したのが良かったと思います。先生が作られた大学入試に出題されている過去問1568構文中心のミミテック英語CD教材「大学受験英語」を毎日1時間やり続けました。

カタカナ発音からネイティブ発音に近づき英語がおもしろくなった

英語のCDを聞き始めて「いいなあ」と最初に思えたのは、僕の英語発音がカタカナ発音から次第にネイティブ発音に近づき始めたような感じがした時だったと思います。

CDをヘッドホンで聞いて、そのまま声に出して真似ました。その自分の声がそのまま聞こえてくるので、ネイティブな人と自分のカタカナ発音のギャップが、あまりにハッキリ分かり、こんなに違うのだと少しショックでした。

でも聞きながら真似よう、真似ようと声を出し続けました。そうしている内に、自分の発音がきれいになっていることに気づきました。それでしゃべれると思い、ますます聞き取れるようになってきました。この頃から英語の勉強がおもしろくなり、ますます好きになってきました。

声を出すだけで入試対策になるのかと、始めた頃は不安と迷いでいっぱいだった

正直なことを言えば、始めた頃には不安と迷いがありました。それは「こんな声を

出すだけで、果たして入試対策の勉強になるのか」という不安でした。それまでの英語の勉強は、まったく声を出さない勉強方法だったからです。

それでも、とにかく聞きながら真似て声を出しました。英語の場面や、単語のイメージを頭に浮かべながら声に出していると、不思議と英語が頭に入ってきました。イメージと結びつけることが大切なのだと、実感し納得しました。

10回繰り返し声を出し真似るだけでリスニング力がつき構文を覚えていた

以前だったら構文を書いて覚えていたので、覚えることが苦痛だったのですが、この「大学受験英語」のCDはテキストを見ながら、繰り返し10回も流れるフレーズや単文を聞きながら真似るだけなので、無意識のうちに構文を覚えているようで、苦痛から解放されました。その上、発音も良くなりました。

もともと英語は苦手ではなく、そこそこのデキだったのですが、レッスンするにつれ、リスニングがどんどんできるようになり、おまけに構文も覚えられ、短い時間で効率良くリスニング力と構文が同時に身についたので、僕にとっては楽で、大変良かったです。

毎日CD1枚、1ヵ月で30枚、3ヵ月で3通りレッスン

毎日50分余りかけてCD1枚をレッスンしました。終わったその場で、覚えたかどうかをチェックし、あいまいだった構文のみ、トラック出しして、何回も聞き、真似て覚えました。それでも自信のない構文は、翌日復習してから次のCDへ進みました。入試まで時間がないので、毎日最低CD1枚はレッスンし、1ヵ月でCD30枚全部終了しました。2ヵ月目は、また最初のCDに戻り、同じようにレッスンしました。12月初めまでには、30枚のCDを3通り学び、完了しました。

レッスン以外の時間で、ちょっとした空き時間を見つけては、教材の付属のチェックシートを使って、本当に覚えたかどうかをチェックしました。

その結果、ほとんど記憶していたので、自信も湧いてきました。最後にライティングしたら良いと思いましたが、5教科全部勉強しなければならないので、ライティングは少ししかできませんでした。

1ヵ月目で英語の夢を見るように

レッスンを始めて1ヵ月もたたない頃、ビックリすることがありました。英語で夢を見たのです。夢の中で、自分が英語でしゃべっているのです！　それも1回や2回でなく、たびたび見るようになりました。「ああ！　これが英語脳に近づくことなのか！」と思い、この方法はスゴイ！　と実感しました。

センター試験も二次試験も、英語は85%正解

こうして3ヵ月で、なんと1568構文を全部覚えてしまいました。こうして、英語が聞き取れ、しゃべる自信がついたので、12月から実践入試問題に進みました。その結果、センター試験も二次試験も、英語は85%ぐらい取れたと思います。

僕にとって、わずか3ヵ月間のレッスンでここまで英語の学力が伸び、大学合格を果たせたことは奇跡のようで、ものすごく嬉《うれ》しかったのですが、もっとすごいことが起こっていたことが、入学後分かりました。

大学2年で英検準1級合格、TOEIC850点！

大学2年の春頃、初めて英検を受けました。初めての受験で英検準1級に一発合格し、2年生の終わりにTOEICを受けたら、なんと850点取れました。同じ英文科のクラスの仲間は皆600点台だったのに、僕だけ850点だったので、僕も友達もビックリでした。友達は、僕の発音が良いことと、高得点が取れたことで、「どうしてなの？」と聞いてきました。

思い当たることとは、3ヵ月間の受験勉強の「大学受験英語」のCD教材でのレッスンしかありません。あの3ヵ月間のレッスンで、リスニングと英文のリーディングがスラスラできるようになったおかげだと思います。

まだ語彙《ごい》力も弱かったので、大学1年の初めに受けたTOEICでは600点でした。1年の終わりに705点になり、2年の終わりに850点取れるようになりました。それと、TOEIC用の勉強はしませんでしたが、英検の試験直前にミミテック学習器で、集中的に英単語を繰り返し覚えたことが、高得点につながったのではないかと思います。TOEICのリスニングテストでは9割の450点取れ、リーディングテストは8割の400点取れました。

リスニングと長文読解が得意になった。

大学入試のセンター試験のリスニングでも9割取れていました。長文読解も楽に解けました。友達は皆、リスニングと長文読解が苦手だといいますが、僕は一番の得意分野になっていて、その差が大きかったと思います。

大学の英語サークルの女子からは「どうして、そんなネイティブな発音ができるの？」と聞かれました。ミミテック学習器で、英単文や単語を繰り返し聞き、声に出しているうちに発音がネイティブになってきたように思います。

留学生達が多く出席する「応用英語」の授業を取ったところ、最初はアウトプットに戸惑いましたが、すぐに慣れてしゃべれるようになったので楽しく受講しています。

英語が好きになり、2年生になる時、西洋言語文化を専攻しました。

最も苦手な世界史が一番成績アップ

センター試験では世界史が一番伸びました。暗記科目は時間をかけないと覚えることができません。毎日野球の練習で、勉強時間もとれない状態が続き、苦手だった世界史はまったく手付かずでした。野球が終わり、夏休みに入ってから初めて世界史に取り組みました。夏休み中一番力を入れたのが世界史でした。でもなかなか頭に入ってきません。そんな時、役に立ったのがミミテック学習器でした。

高校受験の時、ミミテックで合格した経験が自信になっていた

ミミテック学習器を使った音読学習は、高校受験の時、近くの堀江スクール（宇都宮市の右脳学習塾）へ通いながら行なったことがありました。その時は中学での野球での部活を夏までに終え、ミミテック音読学習で集中的に勉強して成績を伸ばし、高校受験に合格しました。

世界史が1ヵ月で文系学年1位に

ミミテックでの音読学習は、声を出して読んでいるだけなので楽でした。必死に覚えようとしなくても、記憶に残っていて疲れを感じません。世界史の教科書を丸暗記しようと、夏休みの期間中、毎日2時間から3時間取り組みました。9月からは学校も始まり、世界史にさく時間は少なくなりましたが、文系では学年1位になりました。

世界史は最も苦手な教科だったのですが、1ヵ月で成績が上がり、今や得意科目になってしまったので、ものすごく嬉しくなりました。センター試験では、最大のかせぎ頭になりました。世界史の偏差値は20以上アップしました。そのため、国語、数学、世界史が受験科目だった中央大学も合格できました。生物も暗記内容が多いので、世界史と同じように教科書をミミテック音読して覚えてしまいました。

世界史の教科書の文章がどんどん頭に浮かび記述問題がスラスラ解けた

センター試験は記号ですが、二次試験では、記述、論述問題ばかりでした。その二次試験では、ミミテック音読で覚えた教科書の文章がどんどん頭に浮かんできたので、論述は教科書の内容をそのまま書き出すことができました。以前はそんな体験をあまりしたことがなかったので、驚きました。

一問一答で覚えたのではなく、ミミテック音読で教科書の内容を全部覚えてしまったので、教科書の中から答えを探し出す解答の仕方になっていました。教科書がストーリーとして頭の中にインプットされていたので楽でした。

松井のコメント

ネイティブ発音に近づきレッスンが楽しくなった

梶山功亮君が初めて「大学受験英語」ＣＤを聞き、真似るという学習を始めた時は、「こんな声を出すだけで、果たして入試対策の勉強になるのか？」と正直、不安と迷いがあったと言います。

これは、多くの受験生が最初に抱く不安と迷いです。誰もが、声を出さない（黙読）で英文を読み、辞書を引き、参考書を見、必死に覚えようと単語や熟語を書いて受験勉強をしています。そうした勉強法からすれば、この「大学受験英語」の学習法はまったく発想の異なる勉強法です。

ここでやめてしまったら、まったく話になりませんが、１週間、２週間と毎日続けるうちに、それほど必死に覚えようとしたつもりはないのに、不思議に頭に残っていることに気づいたと、皆さん驚きます。

梶山君の場合、最初に気づいたことは、自分のカタカナ英語発音がネイティブ発音に近づき始め、「いいなあ」と感じたことから、英語レッスンがおもしろくなったようです。

彼はまずヘッドホンで聞くことで、それまで聞こえていなかった英語発音が聞き取れたことに気づきました。

次に聞こえた通りに真似て声に出すことで、自分の発音がどんどんきれいになり、ネイティブに近づき始めたと言います。

これはミミテックサウンドという特殊録音によって、英語独特の高音域と日本語にない発声が実にクリアに聞き取れるようになったからです。しかもこの音声をヘッドホンで直に聞くことも重要なことです。

意外に皆さん認識されていませんが、スピーカーから聞くと、間に空気を通しているので、音がボケてしまいクリアさが低下してしまいます。

また、同じ英文が10回も繰り返し流れることも重要です。英語を覚えよう、覚えようとしなくても、イメージしながら声を出し繰り返しているうちに、自然に英文を覚えていることに気づくのです。

野球と同じように毎日のレッスンで英語は身につく

彼にとっては、野球でひたすらバットスイングやスローイングを繰り返す中で、リズミカルに野球の基本を身につけてしまったのと同じ体験です。

野球は毎日練習を行なうことで基本を身につけていきますが、学習も同じです。特に「英語、国語、数学」の3教科こそは、たとえ短時間でも、毎日欠かさずに取り組むことが重要です。

毎日1時間、3ヵ月で1568単文を全て暗記

梶山君の場合、毎日1時間CD1枚をレッスンし、全CD30枚（1568単文）を1ヵ月で終了し、3ヵ月間で3通り学習しました。そして空いている時間を見つけては、覚えているかどうかを付属の赤いチェックシートで確認したところ、本当に覚えていたことが分かり自信が湧いたと言っています。

彼は国立大学を受験するために5教科の勉強が必要でした。昼間は学校の授

業があります。時間の取れない中、毎日1時間、よくレッスン時間を取れたなと感心します。3ヵ月間でやり遂げようという決意が本物だったと思います。

1ヵ月でリスニング力、3ヵ月で英語脳が完成し長文読解が得意に

繰り返し、英文をリスニング・スピーキングすることで、リスニング能力が身につきます。1ヵ月でリスニングテストは得意になります。3ヵ月続けることで、英語を英語のまま理解できる英語脳が完成します。

その結果、英文を頭から読み理解していく力がつき長文読解テストが得意になります。

一般の受験生は、英文を後ろから日本語に置き換えて訳そうとするため時間がかかり、試験の制限時間内に訳し終えることができません。

梶山君のように、英語は英語で読み理解する英語脳なら、2倍以上のスピードで読み取っていけるので試験時間にも余裕が生まれます。

大学2年でTOEIC850点

梶山君が、大学2年でTOEIC850点取れたと報告を聞いた時はビックリしました。

クラスメイトが600点台の中で、彼だけが850点と飛び抜けた成績が取れたことは、「大学受験英語」の3ヵ月間にわたる集中レッスンの成果と考えられます。

皆同じように努力していましたが、彼だけが英語脳を完成した、その差と思われます。そのことは他の4人の体験レポートを読んでもお分かりいただけると思います。

夏休み中、毎日2〜3時間世界史音読学習で偏差値20以上アップ

梶山君がCランクから新潟大学へ合格した大きな要因は、英語で高得点を取れたことにありますが、世界史でも偏差値を20以上伸ばし高得点を取れたことにもあります。

梶山君は夏休み中の1ヵ月間、毎日2～3時間、ミミテック学習器で世界史の教科書の音読をし続けたそうです。

世界史を最も苦手として、成績もいつも文系の学年のビリから2～3番目だったのが、夏休み明けの試験で、突然文系の学年1位になったのですから驚きです。ミミテック音読学習は、それだけ深いイメージ記憶をもたらします。記憶中心の教科の学習には最適です。

音読学習を通して、世界史の教科書の内容が1つのつながったストーリーとしてインプットされたので、歴史上の出来事が次々とつながって頭に浮かび、論述や記述問題にもラクラク解答できたと言っています。暗記ものの生物も同様だったようです。

体験記2

高3の11月からスタートし、たった2ヵ月で英語の偏差値25アップ！　志望大学に合格！

三枝明加さん（大阪府）

三枝さんの偏差値推移

	11月初旬		1月センター試験頃	2月初旬
英語	47	58	65	67 以上
国語	50 前後			65 前後

POINT　ミミテックで取り組んだ教科：英語、国語

☆**英語 CD：** 11月初めからスタート。毎日4時間2ヵ月間で4通り学習。
夜2時間（CD2枚）、翌朝2時間（同じCD2枚）復習

☆**国語：** 古文漢文はミミテック一音一音読を続ける。
現代国語はミミテック音読を続ける。

私が本気で大学受験に取り組み始めたのは、高3の11月初めからでした。美術クラブの部活もしていましたが、心の悩みも抱えており、やる気も元気もなく目標もありませんでした。両親はK大学へ行きなさいと期待していましたが、正直な話、それほど強く大学へ行きたいとは思わず、受験もどうでも良いと思っていました。

セミナーに参加し、決意してスタート

それでも、このままではいけない……大学に行かなくては、という思いが少しずつ募ってきました。そういう気持ちになると、今度は、あと2ヵ月しかない！　受験対策

何もしていない！　と今度は焦りでいっぱいになってきました。

そんな時に「短期間ですごく学力をアップさせる英語の勉強法があるらしいよ」と姉から聞き、一緒に説明会に参加しました。10月31日だったと思います。そのセミナーで、3ヵ月で偏差値を30近くアップさせ受験に成功した人達の話と、その学習の仕方を松井先生から聞きました。

その中で「何のため、誰のために勉強するのか」「人生の意義を知り、目標を持ち、その実現のために大学へ行く」という話を聞き、思い当たることもあって、心境が変化しました。何かがチェンジするように意識が高まり、頑張ろうという気持ちになりました。

苦手な英語に全てをかける

セミナー終了後の個別相談で、私と姉は「センター試験まで2ヵ月しかないけど、間に合いますか？」と切り出したと思います。私の狙いは私立文系。受験科目は英語、国語、日本史の3教科だけど、配点の半分が英語であることも伝えました。

当時の私の偏差値は50ぐらい。国語は好きですが、英語は苦手とも話しました。無論、受験対策はまったくの白紙状態であることも。

松井先生は、しばらく考えて「3ヵ月で合格した人はいるけど、2ヵ月で合格した人はまだ聞いていない。あなたが本気を出せば可能かも。あなた次第だね」と、私の決意のほどを確かめられました。

相当頑張って学力を伸ばさないと合格にはほど遠いけど、配点の半分が英語だから、英語に力点をおいて頑張れば、ひょっとしていけるかもと、不思議な感覚が湧いて、まず前進！　やってみよう、やるしかないと、スイッチが入りました。翌日から私は、先生から紹介された「大学受験英語」に取り組みました。国語はわりと得意なほうだったので、昼間は学校へ行き、家に帰れば英語オンリーの勉強に取り組みました。

英語CDを夜2時間レッスン、朝2時間の復習レッスン

2ヵ月で4通り完了。

この2ヵ月間でいかに「大学受験英語」の教材CD30枚をこなすかと、自分なりに

スケジュールを組んでみました。夜8時から10時までにCD2枚を学習し、朝、同じCD2枚を復習すれば15日間でひと通り終わります。

2ヵ月間で4通り学習できる計算でした。恥ずかしい話ですが、それまでは夜10時に寝て、朝は10時に起きるという生活でした。目標もないので勝手放題の生活でした。早く寝ることには慣れていましたが、早く起きることはまったく苦手で、朝が弱い私でしたが、目標ができたので、早起きするようにしました。

姉にも応援してもらい、朝4時に起き、軽い朝食をとって、5時から7時までの2時間を前夜の復習に当てました。初めのうちは、眠い目をこすりながらでしたが、徐々に慣れてきました。早朝の勉強が最も頭に入りやすく効率が良いことは聞いていましたが、やってみて本当だと納得しました。

単語を覚えるのが苦手だったのが英文を繰り返し聞き真似るうちに全部覚える

朝の2時間の復習は本当に深く頭に入りました。それまで国語の文章問題は得意でしたが、暗記する教科は苦手で、特に英語は、単語を覚えなければいけないので、大の苦手でした。文章で英語を覚える習慣も発想もまったくなく、以前は単語帳で、単語を覚えようとするだけでした。

でもCDから何回も流れる英文をひたすら聞いて真似て声に出していると、文章でも頭に入り、とても覚えやすいことが分かりました。しかも英語がスラスラ言えるようになったことも嬉しいことでした。特に疑問も持たず、素直にやり続ければ全部覚えられるかなと思い、とにかくやり続けました。

毎日、夜2時間、朝2時間、やり続けるうちに、英語がそのまま理解できる頭にチェンジしてきました。英語の教科書の文章を見ても、なんとなくこうかなと意味が分かるようになってきました。一部単語が分からなくても、文章を見て、〝ノリ〟で分かるようになってきました。

1ヵ月で英語脳ができ、ノリノリになった

長文の内容がこういう話かなと分かるようになったことに気づいたのが、1月のセンター試験直前でした。明らかに英語脳に変わってしまったという感じで、英語が分

かりやすくなりました。逆に単語だけの問題は、まだ苦手でした。文章の問題のほうが解きやすかったからです。

センター試験リスニングテストは正解率9割以上

センター試験までの2ヵ月間は、とにかく毎日、夜2時間、朝2時間のレッスンをし続けました。その甲斐あって、センター試験では、リスニングテストは全部分かりました。9割以上は正解だったと思います。長文読解もかなりできたと思います。

私の英語の偏差値は47でしたが、それが58になり、65になり、センター試験では高得点が取れたので、更に英語に力を入れました。

二次試験では英語200点満点中180点以上

2月の二次試験では、英語は200点満点中180点以上取れました。その頃の偏差値は67を超えていました。英文は日本文を読むように、見るだけで理解できるようになっていたので、英語は楽々でした。まさに英語さまさまの大学受験でした。

入学後、教授から英語発音をほめられる

入学後、教授からは英語の発音が「グーだね」と、ほめられました。周りからもカタカナ発音でない、ネイティブ発音だと、よく言われます。もともとは英語が好きではなかったので、とても嬉しいです。

何の目標もなく、落ち込んで暗い毎日を過ごしていましたが、受験を通して、自分に自信が持てるようになり、物事にも積極的に取り組めるようになりました。アクティブな人間に大変身できたと感じています。今はマーチングブラスバンド部に入り、毎日、土日も楽しく打ち込んでいます。

音読で国語、古典の理解力が深まった

受験では、英語だけでなく、国語も高得点が取れました。もともと国語の文章問題は得意でしたが、国語の音読が更に理解を深めてくれたようです。

大学では「日本語・日本文学史」を専攻しています。源氏物語を研究しているのですが、黙読では分からないことが、声を出して音読することによって、内容の深みが分かってきました。

松井のコメント

苦手な英語に挑戦し、2ヵ月で合格！

三枝明加さんとお姉さんから相談を受けたのは、センター試験まで、わずか2ヵ月前の10月31日の親子セミナーの場でしたね。

座るやいなや「まだ間に合いますか？」が第一声でした。いろいろ事情がありそうで、まったく受験準備をしてきておらず、自信のない暗い顔で、「やっとこれからスタートです。」とのことでした。聞けば、受験する私立大文系の入試科目は3教科で、そのうち英語が配点の半分を占めるとのことでした。

ところが、彼女は英語が大の苦手で、かなりレベルアップしなければ、合格はまったく無理に思えました。しかもセンター試験まで、あとわずか2ヵ月。

3ヵ月で英語の偏差値を30近く伸ばして合格した受験生は増えてきましたが、わずか2ヵ月という人はいませんでした。

私はあえて、彼女の意思を確かめました。彼女は目を輝かせ、今晩からでも始めると決意のほどを示しました。その後、彼女がどう取り組み、どうなったかは知りませんでした。2月、合格発表後、三枝さんからメールが届きました。

三枝明加さんから届いたメールです（原文）。

昨年10月31日大阪のミミテック親子セミナーを受講した生徒です。おかげで志望大学に合格しました。

受験の後半だったので、朝に、前日のCD2枚を、夜に新しいCDを2枚、というふうに学習しました。

驚いたのは、全てのCDを聞いて元に戻った時に、だいたい覚えていたことです。あまり記憶に自信のなかった私ですが、どの文もどんなふうに発音していたかということが分かっていたのです。不思議です。

あと、発音については、英語の先生にほめられました。「大学受験英語」に出合えて良かったと思います。ありがとうございました。

夜2時間、早朝2時間の復習学習……脳科学にかなった理想的学習

正直、私はビックリしました。スゴイッ！　やったな！　と思わず叫びました。あの時の彼女の目の輝きは本物の決意だったのだと嬉しくなりました。と同時に、メールにあったように、夜CD2枚、朝、同じCD2枚の復習のレッスンサイクルを毎日やり続けたことが、2ヵ月という短い時間で目標を達成した秘訣だったと納得しました。

というのは、彼女が取り組んだ方法は、脳科学の観点から見ても実に適切な方法だったからです。

人は睡眠中に、前日の記憶が整理・定着・統合されます。私達は、夜、ノンレム睡眠（脳も肉体もぐっすり眠っている状態）とレム睡眠（肉体は眠っているが、脳が半分起きている状態）の1サイクル平均90分の整数倍の時間眠ります。4サイクルであれば6時間です。5サイクルならば7時間半です。

夢を見るのはレム睡眠中であることが多く、この時に脳は、前日の記憶を整理・定着・統合しているわけです。

睡眠時間が足りない人は、せっかく勉強してもその内容が十分には整理・定着・統合されません。睡眠時間を削って、必死に深夜勉強する受験生が多く見られますが、これこそ最も効率の悪い学習習慣です。

効率を良くするには、成長ホルモンであり、疲労をとる修復ホルモンであるメラトニンが大量に分泌される良質の睡眠をとることです。

メラトニンが最も多く分泌される時間帯は、深夜10時から2時までの時間がピークです。しかもこの時間の睡眠は6時間より短くて済みます。

小・中学生は一番の成長盛りですから7時間半は睡眠をとってほしいものです。高校生以上でしたら6時間以内でも十分可能です。

三枝さんは、夜の10時に英語学習を終え、すぐ眠り、朝4時に起きて復習したそうです。慣れるまでは朝眠かったそうですが、最も理想的な睡眠の取り方だったと言えます。1日の最も印象的な出来事や、眠る直前の学びや出来事が睡眠中に整理・定着・統合されるので、記憶学習には最適だったのです。

私がいつも受験生にアドバイスすることは、「その日学んだ重要な箇所を、眠る直前にサッと見直し確認しなさい」です。三枝さんにとって、合否の全てが英語にかかっているわけですから、眠る直前に学んだ英語が最優先で記憶に定着したわけです。

早朝学習は、夜の3倍の学習効果

また早朝の時間帯の勉強は、夜に比べ3倍の学習効果をもたらします。しかも前夜の復習ですから、よりいっそう記憶確認され、記憶の定着になります。

こうして苦手だった英語を2ヵ月間で、偏差値を25アップさせたのだから、たいしたものです。私も脱帽しました。何も知らない人が結果だけを見たら、まさに奇跡そのものですね。

単語でなく単文で覚える

彼女のもう1つの口癖が「暗記が苦手！」でした。それまでは、単語帳で暗記しようと、繰り返し見ながら努力していましたが、なかなか覚えられず、英語が苦手になったと言います。今回は文章（英単文）で、しかも繰り返し繰り返し声を出して覚えられたので、楽だったと言います。

多くの受験生は、単語帳を手に持ち歩いて勉強していますが、実は、単語ではなく単文で覚えたほうが、イメージしやすく記憶できるのです。

彼女は、2ヵ月間で「大学受験英語」30枚のCDを4通りレッスンしました。夜2時間と、朝の復習2時間で、同じCDを2度レッスンした訳ですから、結果的には2ヵ月間で8通りレッスンしたことになります。

つまり、1つの英単文を11回×8通り＝88回繰り返し聞き、口真似していたことになります。これで1568単文全部を覚えてしまったわけです。

今回のインタビューは、セミナー以来、1年半ぶりの再会でした。驚いたことには、以前とは別人と思えるほど変身していたことです。以前の暗い顔の自信のない姿はどこにも見当たりませんでした。

逆にとても明るく、自信に満ちあふれクラブ活動のリーダー的存在となって、毎日挑戦的に大学生活をエンジョイしている姿でした。

体験記3

1ヵ月で英語脳に！　2ヵ月で英語の成績が急上昇し、3ヵ月後には名古屋外国語大学に合格

安藤剛志 君（愛知県）

安藤君の偏差値推移

	10月中頃		1月中旬
英語	50 前後	→	65 以上

POINT ミミテックで取り組んだ教科：英語

☆**英語 CD**：10月中頃からスタート。3ヵ月間、毎日30分～1時間集中して聞き、3～4時間聞き流し。

僕の高校での部活は野球でした。特に3年ではキャプテンだったので、3年の7月中頃までは練習で毎日忙しく、勉強時間も十分取れませんでした。

それでも3年生になってからは大学受験を意識して、毎日部活が終わる7時半から帰宅途中にある市立図書館で9時まで勉強していました。

僕の第一志望は、名古屋外国語大学でした。受験科目は、英語と日本史、現代国語の3教科でした。3年の7月時点での合否判定はCランクだったので、合格するには相当実力を伸ばす必要がありました。

本格的に受験勉強に取り組んだのは、夏休みに入ってからでした。朝から晩まで1日中、図書館で懸命に勉強していました。9月に入っても猛勉強しました。それだけ頑張っても成果もなく、模試の結果も悪く、このままでいいのだろうかと焦り始めました。

高3の10月からスタートした「大学受験英語」レッスン

そんな時、父親がミミテック英語教材の「大学受験英語」を持って帰ってきたのです。父親の話では、「毎日このCDを聞きながら、テキストの構文を全部覚えると、大学受験が簡単になるらしいよ」というものでした。更に「開発者の松井先生の長男は、高校2年の時、2ヵ月で英語の偏差値を10上げたと、直接聞いたよ」と言うのです。

マジックか奇跡でも起きない限り、このままでは大学受験は無理だと焦り出した時期でしたので、ワラにでもすがる思いで、父親の勧めるままに取り組んでみました。

聞くだけで本当に覚えられるのか、初めは半信半疑

過去問の重要構文が、10回も繰り返し流れ、途中からは速いスピードで流れるのをヘッドホンで聞いてばかりいました。

正直、こんな単純なやり方で本当に覚えられるのかなと、初めは半信半疑でした。それまでの僕の勉強方法は、文法書を開き問題を解き、単語を書いて覚えるやり方だったので、相当違和感がありました。でも、とにかく毎日聞き続けました。

父親からは、「テキストを見ながらヘッドホンで英語を聞いて、真似て声を出したら良い」と聞きましたが、学校帰りの図書館での勉強が多かったせいもあって、声を出すことはしたことがありません。「大学受験英語」の勉強の仕方も、毎日CDを1枚ずつ聞くだけの学習になっていました。

毎日30分から3時間、ヘッドホンをつけて聞き続ける

1日に30分から1時間は集中して聞いていました。その後は、他のことをしながら聞き流していました。ただヘッドホンだけは必ずつけていました。30分だけで終わったこともあれば、気分が乗った時は50分余りの同じCDを3回も4回も聞き流していることもありました。

僕の場合、他の人と違って、声を出さずひたすら聞くだけでした。声を出していた

ら、もっと成果が出たかもしれませんが、その分、他の人よりも長い時間聞いていたのが良かったかもしれません。

1ヵ月後突然、英語が分かる頭に変身

とにかく、ひたすら聞いていて、気づいたら自然に英文を覚えていました。始めて1ヵ月たった頃から、突然頭が変わった感じがしました。

何か自然に英語が分かる頭脳に変身したという感じでした。以前のように、必死に英語を理解しようとしなくても、理屈抜きで自然に英語の意味が分かるのです。これが「英語の脳かな！」と思いました。

2ヵ月後、英語の成績が急に上昇し始めた

1月中頃のセンター試験直前まで、毎日聞いていたので、「大学受験英語」の教材CD30枚を2通り聞いたことになります。リスニング力がついたことが、はっきり自覚できたのは、英語の模試テストで高得点を取った12月頃です。

その頃から成績が急激にアップしました。父親が「お前すごいね！ これってすごいことだよ！ 不思議だね！」と何度も何度も感心し喜んでくれました。それから年が明けて、センター入試でしたので、間に合いました。

3ヵ月で英語の偏差値が15以上アップし、入試に間に合った

3ヵ月間で英語の偏差値は、50ぐらいから15上がったと思います。それ以上だったかもしれません。

2月初めに名古屋外国語大学の一般入試を受けて合格しました。当日は英語のリスニングと長文読解テストと、日本史、現代国語の試験でした。リスニングと長文読解テストは8割くらいできたと思います。

父親は、「お前の努力と、この英語教材のおかげだね」と今も口グセのように言います。

松井のコメント

3ヵ月間聞くだけで「大学受験英語」をマスター

安藤剛志君が、他の受験生と異なった点は「大学受験英語」を声に出しての口真似はいっさいせず、ただ聞くだけの学習方法だったことです。

もちろん、父親からは声を出すようにアドバイスを受けていたようですが、たまたま図書館が勉強場所だったため、声を出せなかった事情がありました。

当然、声を出すのと出さないのでは、学習効果に大きな差があります。いくらヘッドホンで聞くミミテックサウンド英語であっても、やはり、声を出す学習と比べ、数分の1の効率へ落ちてしまうことは否めません。

1000時間リスニングという英語学習法があります。1日3時間聞き続けて1年間で英語が身につく、というものです。

これはあくまで20歳前後の若者の頭脳で初めて可能になる学習方法です。中高年は、更にその数倍以上の時間を必要とします。

安藤君は、毎日平均3時間ほど、英語を聞き続けたようです。そのうち1時間は、テキストを見ながら集中して聞き、あとの2時間前後は、他のことをしながら聞き流していたそうです。

もちろんヘッドホンをつけたまま。時には、そのまま眠ってしまったこともあったそうです。

4分の1の時間に短縮したミミテックリスニング

彼は3ヵ月間、毎日平均3時間、英語を聞き続けたので合計270時間に聞き続けたことになります。

つまり270時間のリスニングをしたことになります。これで英語脳が完成し、2ヵ月後からいっきに英語の成績が上昇し、3ヵ月後のセンター試験に間に合いました。

本人は英語の偏差値が3ヵ月で15以上アップしたと言っていますが、父親からの報告では、以前の成績から見て、本当は20以上アップしたはずだということでした。

ただ聞くだけの1000時間リスニングを、安藤君は270時間で成し遂げたことになります。彼の父親は、息子に「お前の努力と、大学受験英語のおかげだね！」と今も口グセのように言っているようですが、まさにその通りだと思います。野球一筋に打ち込んできた集中力と「大学受験英語」の効果だと思われます。

特殊録音によるミミテックサウンドは、脳の最深部の間脳に響いて聞こえます。そのミミテックサウンド効果が1000時間リスニングの4分の1の270時間で成果を引き出したと考えられます。

つまり、一般のマイク録音CDと、ミミテックサウンド（ミミテック録音）CDの違いが、4倍の差をもたらしたわけです。

もし、声を出して学習できる環境であれば、他の体験者のように、彼も90時間で、同じレベルに達していたでしょう。

声を出しながらのレッスンならば、聞くだけの3倍の効率で早く覚えられ、もっと早く英語脳ができるはずです。

1ヵ月で英語脳が形成され、3ヵ月で完成

安藤君は、大学受験英語CDを聞き始めて、1ヵ月たった頃、突然、英語が自然に分かる頭脳に変身したと言います。これは梶山功亮君が、1ヵ月目から英語で夢を見始めたことと符合します。

また、三枝明加さんも1ヵ月で英語脳ができノリノリになったと言いますが、そのこととも一致します。

皆さん共通して、1ヵ月で英語脳が形成され、3ヵ月で完成していることが分かります。これが、高校生が毎日レッスンを続けた成果です。それまでは、日本語脳で英語を考えていたのが、1ヵ月で日本語脳の壁が破れ、英語脳が形成され、英語は英語のまま思考する英語脳が作られたわけです。

体験記4

Eランクから3ヵ月で国際教養大学合格！入学後、帰国子女に間違われるほどに

菊地春菜さん（右端）、母・直子さん（左端）、妹・穂南さん（中央）　（岩手県）

菊池さんの偏差値推移

	12月初め		3月初め
英語	65	→	70台（英会話・スピーチ力完成）

POINT ミミテックで取り組んだ教科：英語

☆**英語CD**：12月初め頃からスタート。毎日1～3時間。3ヵ月間で3通り学習。英会話実践力が驚くほど上達。
その結果、英語スピーチ面接試験合格。

私の高校生活は、ずっとハンドボールの部活が中心でした。特に3年生の夏休み直前まではキャプテンとして、チーム全体をまとめ、部員の様々な相談にのっていました。帰宅はいつも深夜11時頃になってしまい、ずっと受験勉強どころではありませんでした。

夏休みに入って、初めて受験勉強に取り組みました。楽観主義の私は、それでもあわてず、自分なりのマイペースで勉強をしていました。

12月初めになっても、思ったほどの成果も現れず、成績も上がりませんでした。志望大学の横浜市立大学の合否判定はCランク、夢である国際教養大学はEランクでした。その判定結果を目の当たりにして、さすがの私も「ヤバイ！」と本気で焦りました。

最後は「やはり、あれしかない！」と、秘策を実行する決意をしました。その秘策とは、中学3年の妹が、みるみるうちに成績を上げたミミテック学習器での勉強方法でした。

1ヵ月で成績を上げた中3の妹の秘密

妹がミミテック学習器で勉強をスタートしたのが中3、私が高3の6月の時でした。妹もハンドボール部で毎日忙しく、高校受験の勉強もあまりやっていませんでした。志望高校の推薦入学をとるには、もっと成績を上げなければならず、1学期の期末テストまで、あと1ヵ月しかない、ギリギリの状態で焦っていました。

妹は自分でミミテック学習器を見つけてきて、これならできると直感があったようでした。せっぱつまったように音読学習を始めたのですが、私は正直、そんなのでできるのかな大丈夫かな、と疑いの目で見ていました。

ところが始めて1ヵ月、妹の成績がグングン上がり始めました。それを見て、私もやってみたいと思いましたが、私には私なりのやり方があると思って、まだ始めませんでした。私自身、まだ部活も忙しく、焦りもありませんでしたから。

気がついたらセンター試験まで1ヵ月！ ここから秘策をスタート

ところが、気がついたらもう12月。今まで自分なりにやってきたのですが、成績も伸びず、センター試験まであと1ヵ月あまり。「もう時間がない！」本気で焦り出しました。ここにきて、私もミミテック学習器にかけるしかないと思いました。

妹も同じせっぱつまった気持ちでスタートしたのだから、私も同じ気持ちで実践すれば、まだ間に合うと思いました。

世界史、政治・経済の暗記もので手ごたえをつかむ

まず取り組んだのは、世界史と、政治・経済のミミテック音読学習でした。暗記ものだったので、成績は上がりだしたことは実感しましたが、これからという時にセンター試験を迎えてしまいました。センター試験には間に合わなかったけど、1ヵ月あまり音読学習をやってみて手ごたえがつかめました。

「大学受験英語」を毎日1～3時間レッスン

もう1つ取り組んだのが英語CD教材の「大学受験英語」でした。同じ英語の構文や例文が繰り返し流れるので、聞いて真似て、さらに聞いて真似て、を繰り返すとおもしろいほどどんどん英語が覚えられました。

調子にのって毎日1時間から3時間（CD1枚から3枚）レッスンを続けました。12月初めから3月初めまで3ヵ月間、毎日やり続けました。もともと英語は好きでした。聞けば聞くほど頭に鮮明に残るので、毎日何時間も取り組みました。

3ヵ月間のリスニングとスピーキングの繰り返しで英語がしゃべれるように

小学2年の時、母と数ヵ月間ニューヨークに滞在したことがあります。その時少し英語を覚えたらしいのですが、その後話すこともなく忘れてしまいました。毎日の「大学受験英語」のレッスンのおかげで、忘れていた感覚が戻ってきたようです。

中学高校と英語授業を受け、英語は好きでしたが、リスニングとスピーキングはしたことがありませんでした。

3ヵ月間「大学受験英語」のCDを毎日聞き、真似るレッスンをしているうちに、気がついたら英語が聞き取れ、意味もなんとなく分かり、話したくなって、自然と英語が口から飛び出すようになっていました。

ほかの問題集では、本を見て英単語や熟語を覚える学習が多く、英語をしゃべるようにはなりません。こんな場面見たことがあるな、というぐらいまでにしかいきません。「大学受験英語」のレッスンを通して、しゃべりたい時にスッと英語が出てくるようになりました。

2ヵ月後の二次試験の英語は9割正解

1月のセンター試験には間に合いませんでしたが、2月中旬の国際教養大学の二次試験には、このレッスンの成果が出てきました。

この時の英語試験は、英語の読み物を読んで、出されたテーマに従ってエッセイを書く試験でした。

これは、まず英語の読み物が読めないとできないし、その上、英語の文章力がないと解答できない難しい試験でした。以前の私なら到底できません。でもレッスンの成果が出て、文頭から英語作品を見ていくだけで、意味が分かるようになったので、焦ることもなく落ち着いて解答もできました。

この時、9割は解答できました。ただ、この二次試験は英語と国語の2教科でした。英語はできたのですが、国語がまったく間に合わず、不合格でした。

後から考えれば、国語の音読学習もやっておけばと悔やんだのですが、あまりに時間がありませんでした。今年はダメだとあきらめかけたのですが、1ヵ月後の3月に秋入学の試験があることを知りました。

国際教養大学の秋入学試験（3月実施）を知り、チャレンジを決意！

2012年に東大が秋入学の構想を発表しましたが、国際教養大学はすでに実施していました。試験内容を調べたところ、「英語で受け答えする面接試験」と分かりました。もちろん、センター試験や2月の二次試験も参考にするのでしょうが。

私は、英語での受け答えは苦手だから、無理だろうなとは思いましたが、あきらめきれず、ダメもとと思い、チャレンジを決意しました。

3ヵ月間毎日「大学受験英語」CDのレッスンで英語文を自然に覚え、暗記できた自信と、周りからネイティブな発音になったね、と言われたことも不思議な自信になっていた気がします。

英語の面接試験対策に20通りの英文(3000単語)を作成し100回余りのスピーキングで暗記し臨む

試験対策として、面接で予想される質問と、それへの応答文をたくさん作成し、全部暗記する作戦を立てました。

まず英文を20通り作成しました。それを英語の先生にチェックしてもらいました。20通りの英文の中には、「自分がやりたいこと」の説明文もあり、単語数600語の長い文章を作りました。

短い文章でも100語ぐらい、20通り全文で3000語。B4用紙6ページぐらいの英文になりました。

面接試験当日まで、もう2週間もありませんでした。その間に、3・11東日本大地震が襲い、母の実家の大分県に避難しました。そこで毎日3時間近くミミテック学習器で英文の暗唱練習をしました。

母からは400回スピーキング練習をしなさいと言われていましたが、私は100回あまりで暗記してしまいました。初めは文章を見てスピーキング練習をしましたが、そのうち、見ないで繰り返し練習しました。

そうして20通り全文がスラスラ口から出てくるようになり、完全に覚えてしまいました。その後は、試験当日までは忘れていないかどうかの確認作業を繰り返しました。

予想外の質問にも英語で受け答え

いよいよ試験当日、私が予想していなかった質問が出ました。でも面接官の英語での質問内容は、ハッキリ聞き取れました。

一緒に受験に行った友人達は、皆何を言っているか聞き取れなかったようで、ベソをかいたようにして面接室から出てきました。

私は普通に聞き取れ、思ったことが自然に英語になって話せました。変に緊張することもなく、自分でも不思議なほどリラックスしてできました。これも毎日レッスンを続けた成果だと思います。

奇跡の合格！ 入学後、帰国子女に間違えられる

秋入学の合格者はわずか10人でした。米国に長く住んでいた帰国子女や、両親が英語圏の人が多いのですが、私はその人達にひけをとることもなく、帰国子女と間違われるほどで、どこの国に行っていたのですかと、よく聞かれました。

国際教養大学の授業は英語がほとんどです。英語を聞き取れない学生も多く、皆大変そうです。初めのうちは、「もう家に帰りたい！」とこぼしていました。聞いて理解するだけでなく、話すことも英語で言わなければならない授業ばかりですが、幸い、私はすぐに英語でディスカッションできるようになりました。

ミミテック学習器と「大学受験英語」に出合って、本当に感謝しています。

松井のコメント

「大学受験英語」レッスンで小2のニューヨーク滞在の基礎英語力が回復

菊地春菜さんは、もともと英語は好きで得意教科でした。偏差値はいつも65前後だったそうです。

しかし、学校の英語授業でも、家でも、英語のリスニングやスピーキングの練習はいっさいしていなかったため、英語を聞き取ってしゃべることはまったくできませんでした。

ところが「大学受験英語」CDで、3ヵ月間毎日、リスニング・スピーキングレッスンを行なうことで、小学2年の時、数ヵ月間ニューヨークに滞在して養った基礎英語力が見事に回復しました。本人は、その当時の英語経験は全部忘れていたと言っていますが。

本書の他の4人は、3ヵ月間の「大学受験英語」レッスンで、英語を聞き取り、英語を読解できるレベルには達しましたが、海外生活経験がまったくなかったため残念ながら自由に英語をしゃべれるレベルにまでは到達していません。せいぜい英単語や英語フレーズが自然に飛び出て応答するしゃべりのレベルです。更にこの4人が自由にしゃべれるまでには、海外留学することで1～3ヵ月かかります。

ところが春菜さんは、しゃべりたい時に、考えなくてもスッと自然に英語が文章で口から飛び出してくるようになったと言います。

そのため、ほとんどの授業を英語で開講していることで、日本中の注目を集めている秋田県の国際教養大学の秋入学枠（定員10名）に、帰国子女にまじって英語面接試験に合格できたわけです。

彼女は、英語授業にも初日からついていくことができ、どこの国に行っていたのと、帰国子女に間違われるほどでした。

この大学は、2010年3月29日放送『日経スペシャル カンブリア宮殿』で「（09年度）就職率100％の大学」として紹介され一躍有名になりました。現在、

419号 （明治25年3月29日第三種郵便物認可） 日本

人材育成 企業が注目の大学

国際教養大 首位に

本社調査

日本経済新聞社が主要企業の人事トップに「人材育成の取り組みで注目する大学」を聞いたところ、秋田県の公立大学、国際教養大学が首位になった。同大は留学義務付けや教養教育の徹底で知られ、2位の東京大学の3倍近い支持を集めた。3位は多くの留学生を集める立命館アジア太平洋大学（APU）。国際性や教養を備えた人材育成への企業の期待が浮き彫りとなった。（詳細と回答企業一覧21面に）

「人事トップが求める新卒イメージ調査」として、社長100人アンケートの対象企業を中心とする人事トップ（人事部長以上）に実施。136社から回答を得てまとめた。社会で活躍できる人材育成の取り組みで注目する大学が「ある」と答えた企業は60社。それら企業に具体的な大学を3つまで挙げてもらったところ、35社が国際教養大と回答。東大は13社だった。

国際教養大は2004年に秋田市に開学。ほぼすべての授業を英語で行い、学生に1年間の海外留学や国内の寮で外国人留学生らと共同生活することを義務付けている。

00年に大分県別府市で開学したAPUは10社が選んだ。APUは外国人留学生が学生の約半数を占め、学部講義の約80%を日本語と英語の両方で開講している。

一方、「新卒者を採用する立場から大学教育に求めるもの」（3つまで回答）を聞いたところ、1位が「教養教育の強化」（78社）、2位が「コミュニケーション能力を高める教育」（67社）となった。このほか、「在学中の留学支援」（34社）が4位となるなど、国際教養大、APUが注力する教養や国際性を向上させる内容が高く評価された。

人材教育で注目している大学ランキング

順位	大学名	回答企業数
1	国際教養大学	35
2	東京大学	13
3	立命館アジア太平洋大学	10
4	早稲田大学	9
5	慶応義塾大学	7
6	立命館大学	5
7	大阪大学	3
7	金沢工業大学	3
7	京都大学	3
7	一橋大学	3

日本經濟新聞

7月16日 月曜日

発行所 日本経済新聞社
東京本社 ☎(03)3270-0251
〒100-8066 東京都千代田区大手町1-3-7
大阪本社 ☎(06)6943-7111
名古屋支社 ☎(052)243-3311
西部支社 ☎(092)473-3300

秋入学できる大学として注目を集め、企業からの「人材育成」注目度ランキング日本一の大学になっています。

3ヵ月で英語を自由にあやつる実践英会話力を

米国等の大学への留学生は、まず英語習得プログラムから学び始めます。彼らが英語授業を難なく聞き取れるまでに3ヵ月間、その後しゃべれるようになるまでに更に3ヵ月間、実際の授業を受けるまでに留学してから延べ6ヵ月以上かかるのが一般的です。

春菜さんは小学2年の数ヵ月間のニューヨーク生活の土台の上に、3ヵ月間の「大学受験英語」のリスニングとスピーキングのレッスンで、このレベルに到達したわけです。

以前の彼女の英語偏差値は65前後だったそうです。レッスン後には、偏差値が70台になったことは至極当然ですが、偏差値以上に英語を自然にあやつれる実践英会話力が身についたことが重要なことです。

ミミテックで音読暗唱回数を4分の1に短縮

だからこそ、英語の面接試験で評価され合格したわけです。合格発表の日、東日本大震災で大分に避難していた菊地さん親子から、大興奮した電話が私の携帯に入ったことは言うまでもありません。

春菜さんのお母さんは、長く英語教師をしていたことから、英語の面接試験対策のために、20通りの英語スピーチを400回音読暗唱しなさいとアドバイスしていました。

春菜さんは、100回足らずで完全に暗唱記憶してしまいました。ミミテック学習器を使うことにより、お母さんのアドバイスの4分の1の回数で音読暗唱してしまい、脳の深くに完全記憶できたのです。

体験記5

一音一音読法で古文・漢文がたちまち得意に！国語力がアップし、神戸大、同志社大合格！

石橋洋祐 君（大阪市）

石橋君の偏差値推移

	9月下旬		11月下旬		1月センター試験頃
英語	60	→		→	70 弱
国語	50 前後	→	66	→	70 前後

POINT ミミテックで取り組んだ教科：**英語、国語、世界史、倫理・政経、生物**

☆**英語 CD：** 9月下旬からスタート。毎日20～30分学習し、3ヵ月間で一通り弱。CDプレーヤーとミミテック音読学習器を連結し学習。

☆**国語：** 古文、漢文はミミテック一音一音読をずっと続ける。
現代国語はミミテック音読学習。

☆**世界史、倫理・政経、生物：**
ミミテック音読学習。その結果、センター試験では数学以外の全ての教科高得点（80弱～85点）

僕は高校3年の10月の終わりまで、サッカー部でサッカーをやっていて、ほとんど受験勉強をやっていませんでした。公立の進学校ですが、サッカーは強く、伝統のある高校です。毎年正月の全国大会を目指して、3年生でも県予選の10月半ばまで毎日午後4時から6時45分までサッカーの練習をやっていました。

練習が終わってから塾に行きましたが、勉強時間は圧倒的に足りませんでした。好きな英語は良かったけですが、数学と暗記ものの教科は時間が足りず、ほとんどやっていませんでした。だからその時の偏差値は、英語で60ぐらい、数学や他の教科は40台でした。全体で50前後だったと思います。

僕の志望は神戸大学のみで、それ以外は考えられませんでした。センター試験は英語だけは届く点数がとれましたが、他の教科ははるかに及ばなかったです。

担任からは神戸大は絶対無理だから、止めておけと何度も言われましたが、それでも受験しました。しかし現実は甘くなく不合格でした。まるで神戸大を受けたという記念受験みたいでした。

結局一浪して、それからは予備校にも通い、1日中受験勉強の生活でした。それで、どの教科も少しずつ成績が上がり始めました。

祖父からの誕生日プレゼントがきっかけでスタート！

ミミテック音読学習のきっかけは祖父でした。ミミテックを使っていた祖父から、浪人が決まった4月に、「お前もやってみたらどうか」と勧められたのが最初だったと思います。やってみようかなと思いながらも、どうしてよいか分からず、そのまま時が過ぎてしまいました。8月が僕の誕生日なのですが、祖父がミミテックの学習セットを全部そろえてプレゼントしてくれました。

2ヵ月で国語の偏差値が50から66へ上がった！

それがきっかけで、まずは国語の現代文をミミテック学習器で、ひたすら音読するところからスタートしました。2週間後に国語の記述試験がありました。その時は、期待したほどの成果はみられませんでした。

それでも手ごたえはあったので、その後もずっと音読をし続けました。その2ヵ月後の模試で、国語の偏差値が66になりました。2ヵ月前の偏差値が50あるかないかだったので、2ヵ月間で16上がったわけです。

一音一音読法で古文・漢文がイメージでスーッと湧き、意味が分かるように

その模試の前、9月19日に大阪で松井先生のセミナーがありました。その時までは自分なりの音読方法だったのですが、初めてミミテック学習器を使った一音一音読法

や、正しい音読学習の仕方、英語学習の仕方など、詳しく具体的に分かり、とても参考になりました。

予備校の先生からは、「古文や漢文の音読はいいぞ」とは聞いていましたが、何でいいのか説明はしてくれませんでした。松井先生の説明を聞いて、その意味が分かりました。

その日から早速、古文と漢文の一音一音読を始めました。国語と英語、数学はたとえ短時間でも毎日コツコツ勉強することが秘訣だと聞いていたので、まずは、古文と漢文の一音一音読を毎日少しずつ続けました。

復習だけでなく、予備校の予習にも音読を取り入れました。

それまで頭で意味を考えながら黙って読んでいたのですが、一音一音読することによって、考えなくてもイメージがスーッと湧いてくるようになり、自然に意味が分かる頭に変わっていました。

そうしたら試験の時も、黙って読むだけでも意味が分かるようになっていました。

一音一音読で読むと、時間が長くかかりますが、古文や漢文の文章が考え込まなくても分かりますし、理解のスピードも早くなったので、その後受験までずっと一音一音読をやり続けました。

現代文も音読でイメージが湧いて、深く理解でき得意に

現代文も最初の1週間は一音一音読で勉強しました。しかし文章も長く効率も悪いので、その後は普通のスピードで音読をし続けました。声に出しての音読は、黙って読むよりは時間がかかるように思いましたが、文章のイメージが頭に湧くし、理解の深さとスピードが速いので、かえって音読のほうが良いと思いやり続けました。

ですから、現代文も音読で一通り読み、意味が分かるようになるまで何通りも音読しました。言おうとしていることのイメージが湧くようになり、大変効果的でした。

センター試験の国語で8割以上正解、合格の決め手に

その成果で、センター試験では国語の8割は点数を取ることができました。英語と国語の配点が200点と大きかったので、現役受験の時と違い、国語の高得点で神戸

大に合格できたのだと思います。もし国語が伸びなければ、二浪するところでした。

センター試験の生物は85%正解

神戸大の入試科目は、文系だったので、国語、英語、数学、地歴（世界史）、公民（倫理・政経）、理科（生物）の6教科でした。9月19日のセミナー後、世界史と倫理・政経、生物を音読学習でずっと勉強しました。

1月のセンター試験での世界史と倫理・政経は80%に少し足りない得点でした。生物は模試まではそれほど成果は見られませんでしたがセンター試験では85%取れました。当日の朝、音読した箇所が多く出たのでビックリしました。

私立の同志社大学にも合格しました。英語と国語、世界史の3教科受験でした。世界史は、試験前の勉強はやっていなかったのですが、以前ミミテック音読学習をやっていた成果か、試験が始まると学習していたことが頭から出てきました。

「大学受験英語」は、毎日20〜30分レッスン

センター試験後は、二次試験の国語、英語、数学の３教科に集中しました。英語はもともと得意だったので、毎日の勉強では長い時間を割きませんでした。英語はミミテック英語ＣＤ教材「大学受験英語」を毎日、20分から30分やり続けました。

１レッスンが17分くらいなのですが、英語を聞き、真似て声を出してスピーキングしました。

英語の構文が繰り返し速く聞こえ、おまけに連結したミミテック学習器で自分の声も聞こえるので、二重に頭に英語が深く入って、無意識のうちにどんどん覚えられました。

翌日、次のレッスンに進む前に前日の復習として、英単文が連続で流れる最後の部分を２通り聞いて、覚えたかどうかの確認を10分ほど行ないました。ＣＤ１枚に３レッスン入っていたので、３日間でＣＤ１枚を終了しました。

「大学受験英語」の英語ＣＤは30枚あったので、残念ながらセンター試験までには全部終了することができませんでした。それでも、そのレッスンのおかげで英文を読み

ながら意味をそのまま理解できるようになりました。

センター試験が近づくなか、過去問を解いていたらものすごく分かるようになっているのに驚きました。

英語レッスンを始めて3ヵ月で英語脳ができ、長文読解もスピードアップ

レッスンを始めて3ヵ月目に入ると、英語の頭に切り替わっていることに気づきました。

英文を読んでいると、意味がイメージとして浮かんでくるようになったのです。以前なら、英文を読んでから、いちいち日本語に訳していく作業をしていたのですが、英語がそのまま頭の中で理解できるようになっていました。

英語を英語のまま理解する「これが英語脳かな」と思いました。

おかげで長文読解がすごく速くできるようになりました。現役で受けたセンター試験では、問題を解くのに制限時間ギリギリの80分かかったのですが、今回は60分で終わり20分早く英文を読むことができ試験を済ますことができました。皆、時間ギリギ

リか、時間が足りないのに、僕だけ余裕がありました。

センター試験の英語筆記試験では、200点満点中190点（自己採点）取れた

センター試験英語の筆記試験の大問は6つ。そのうち長文読解が半分でした。ミスしたのは、発音・アクセント問題と文法問題の各設問1つずつと、長文読解で1つの計3問でした。自己採点すると、200点満点中190点は取れていました。

リスニングテストは、模試では50点満点中40点取れていましたが、センターは難しくて36点しか取れませんでした。でも周りは20点台だったので、かなり点数は稼げたと思います。

二次試験の数学の失敗を国語と英語でカバー

3月の神戸大学の二次試験は、数学がうまくいかず、解答速報を見ても20点台だったので、また失敗したと思い二浪を覚悟して帰宅しました。それでも合格できたのはラッキーでした。

数学の足りない分を、国語、英語でカバーできたのだと思います。ミミテック学習器に出合えて運がついたのだとつくづく感謝しています。

松井のコメント

受験生にとって、英語以上に圧倒的に苦手という教科が古文や漢文などの古典です。現代人にとって、古文や漢文は、まるで外国語のように難解な科目になっています。

正直、私も受験生当時、最も苦手だったのが古文・漢文と英語でした。どちらも私にとって外国語そのものとしか思えませんでした。

ところが、摩訶《まか》不思議なもので、今では私が開発したミミテックメソッドで、受験生達（中・高生）は、なんとわずか3ヵ月前後で、そのどちらもが学年トップになってしまうではありませんか。

その古文・漢文の攻略法が「ミミテック一音一音読法」にあります。そのヒントが室町時代末期の謡《うたい》から、江戸時代の寺子屋で教えられた素読に至るまでの音読・暗唱法にありました。

その音読・暗唱の基本は一音一音ハッキリ区切って、メリハリをつけて大きな声でお腹の底から発声する、幼少期からの素読にありました。更に、百人一首や、謡、吟詠（詩吟）などは、一音一音の母音を伸ばし発声することが基本でした。

スラスラ読めない小・中学生が一音一音読法で国語力がつき成績アップ

そのことに気づいた私は、国語が苦手で、文章がスラスラ読めない小・中学生に、この一音一音読法を毎日、ミミテック学習器で行なわせたところ、徐々に読めるようになり、ついにスラスラ読み、意味もしっかり理解し、読解力がつくようになりました。

そして全員が全教科の成績を次第に上げ始め、落ちこぼれの成績から、1年後には中から上位の成績へと変身してしまいました。しかもコミュニケーション力や表現力もつき、自信を持ち、目が輝き、たくましくなっているではありませんか。自分の意見を堂々と述べることができるようになりました。

彼らの変身ぶりを見ていて、いかに国語力が重要か、改めて気づかされました。更に気づいたことは、ほとんどの現代っ子は、国語力が弱いということでした。もっとも私達親も同様ですが。

日本の子ども達の国語力（読解力）が年々低下していることは、ＯＥＣＤ（経済協力開発機構）のＰＩＳＡ調査（国際学習到達度調査）でも指摘されています。文部科学省は、いかに、わが国の子ども達の読解力や論理力等の国語力を上げるかを重要なテーマとしています。

一音一音読法で古文・漢文をたちまち得意科目にしてしまう

この国語力の弱さを見事に解決したのが「ミミテック一音一音読法」でした。ミミテック一音一音読法を古文・漢文等の古典に応用したところ、たちまち中高生が成績を上げ、得意科目にしてしまいました。

中高生達は、声を出して古文・漢文を読む学習習慣を昔のように持っていません。ましてや一音一音読法などは知りません。それどころか、ふだんから声を出して読むこと自体を恥ずかしく思っているのが一般的です。

でも寺子屋の時代までは、子ども達は皆、腹の底から大きな声を出して学んでいました。日本語は世界一、言霊《ことだま》のこもった言語です。しかもそれは、声を出し脳深く響いた時、強く発揮されるものです。

私のセミナーで、そのことを知った石橋洋祐君は、忠実に古文・漢文をミミテック学習器で一音一音読しました。

しかも毎日欠かさずに、たとえ短時間でも続けたそうです。そして気づいたら、一音一音読するうちに、考えなくてもイメージがスーッと湧いてくるようになり、自然に意味が分かる頭に切り替わったと言います。

古典日本語脳が形成され、古文・漢文がイメージで分かるように

このことは大学受験英語CDを、毎日リスニング・スピーキングしているうちに、日本語脳とは別に、英語脳ができ上がったのと似た現象です。まさに現代日本語脳とは別に、古典日本語脳が形成されたわけです。

受験生達は皆、古文・漢文の意味を必死に理解しようと考え込みながら学習しています。これは左脳回路しか使わない学習です。

しかし、ミミテック一音一音読法は、イメージを伴った右脳回路も使った左右両脳学習法です。

それまで難解と思っていた古文・漢文を何回も繰り返し音読することによって、イメージがスーッと浮かび、自然に分かる頭脳になったわけです。

こうして古典日本語脳ができ上がった受験生達は、英語脳ができ上がって英語長文読解が速く容易になるように、古典読解も速く容易になってしまいました。

更に、現代国語の原点は古典にあります。古典が得意になれば、そこから成り立っている現代文も分かりやすくなります。

古典を一音一音読で、ずっと読み続けた石橋君は、最初は現代国語も一音一音読しました。しかし、文章も長く効率も悪いため、1週間で止めてしまい、その後は普通のスピードでミミテック音読をし続けました。

それで良かったのです。彼はまず、古典で一音一音読の訓練をしていたからこそ、現代文を普通のスピードでハッキリと正しく音読できるようになっていたからです。

国語力が全ての教科の基礎

こうして、ミミテック一音一音読や、ミミテック音読学習をすることにより、試験の際、黙って読むだけでもイメージがスーッと浮かび、意味が分かる頭脳になっていたのです。

ですからわずか2ヵ月で、石橋君は、古文、漢文、現代国語を含めた国語の偏差値が16上がったわけです。

こうして国語力がつくと、他の教科も全て上がります。逆に国語力が弱いと、他の教科を伸ばすことは容易ではありません。国語力こそ、全ての教科の基礎なのです。

1日30分、3ヵ月で英語脳完成

石橋君は「大学受験英語」を毎日レッスンすることで、3ヵ月目で英語脳を完成し、英語を英語のまま理解できるようになりました。

その結果、長文読解がすごく速くできるようになり、余裕を持ってセンター試験に臨めたと言います。

この「3ヵ月目の英語脳の完成」は、他の4人にも共通していますが、石橋君が他の4人と違う点は、1日に30分弱しかレッスンしていなかったことです。しかも30枚のCD全ては終了していません。延べ45時間を要さずに英語脳が完成したことになります。

CDとミミテックを連結した学習法で更に時間短縮し、英語脳を完成

特に条件が最も似通っている梶山君が、1日に1時間レッスンして3ヵ月間で90時間と、石橋君の2倍の時間をかけています。

梶山君の90時間でもすごいことですが、なぜ石橋君はその半分以下の40時間

で英語脳が完成したのでしょうか。その理由は石橋君が、CDプレーヤーとミミテック学習器を連結し、レッスンをしたところにあります。

このシステムが完成したのが、平成23年の春でした。その年の9月から学習をスタートした石橋君のみ、このシステムに間に合ったわけです。

それ以前の4人は「大学受験英語」CDをヘッドホンのみで、リスニング・スピーキングレッスンしていました。

その時のスピーキングは、ミミテック学習器は使っていません。ミミテック学習器を使う場合は、CDを聞くのとは別に時間をとって、口元に学習器を持ってきてスピーキングレッスンをしていました。

ところが石橋君は、CDのリスニング・スピーキングレッスン中に、連結したミミテック学習器を通して自分のスピーキングの声が100%ヘッドホンから聞こえ、脳深く響くような学習をしていました。

そのミミテックスピーキングが加わることで、更に2倍の効果を出したことになります。つまり効率を2倍アップさせたわけです。

一般の1000時間リスニングに比べれば、なんと20数分の1に時間を短縮してしまったのです。

松井の総括コメント

英語脳が完成し、偏差値65～70になるまでの学習時間比較

	〈教材〉	〈学習方法〉	〈学習時間〉	〈学習期間〉
安藤くん	**大学受験英語** 10月スタート	リスニングのみ	270時間	3ヵ月 （毎日3時間）
三枝さん （英語苦手）	**大学受験英語** 11月初めスタート	リスニング・スピーキング学習	240時間	2ヵ月 （毎日4時間）
梶山くん	**大学受験英語** 9月スタート	リスニング・スピーキング学習	90時間	3ヵ月 （毎日1時間）
石橋くん	**大学受験英語** **音読学習器** 9月下旬スタート	リスニング・ミミテックスピーキング学習（CDプレーヤーとミミテック音読学習器の連結システムでの学習法）	40時間	3ヵ月 （毎日30分）

英会話・スピーチ力が完成するまでの学習期間

	〈教材〉	〈学習方法〉	〈学習時間〉	〈学習期間〉
菊地さん	**大学受験英語** 12月初めスタート	リスニング・スピーキング学習	180時間	3ヵ月 （毎日2時間）

驚異のスピードで英語脳に!!

一般的に20歳前後の若者が英語を毎日聞き続けることで、英語脳が完成するまでに要する時間は１０００時間と言われます。１０００時間ヒアリングマラソンという学習法もその１つと思われます。

ところが、ミミテックサウンドの英語教材「大学受験英語」を毎日、ヘッドホンで聞き続けた安藤剛志君は、２７０時間で英語脳が完成しました。

このことは一般の英語ＣＤ等を使った場合に比べ、４分の１という短い時間で英語脳が完成したことになります。

つまり4倍速い効果をミミテックサウンド教材の「大学受験英語」がもたらしたことになります。

次に梶山功亮君が「大学受験英語」を毎日、ヘッドホンを使って声を出すリスニング・スピーキング学習を続けたところ、90時間で英語脳が完成しました。

このことは、２７０時間ヘッドホンで聞き続けた（リスニングのみの）安藤君の学習と比較して、梶山君の学習は90時間という3分の１の時間で英語脳を完成したことになります。

つまり、声に出すスピーキング学習を加えることによって、更に3倍速い学習効果をもたらしたことになります。

更に、ミミテック学習器をCDプレーヤーに連結して、リスニング・スピーキング学習した石橋君はなんと、40時間で英語脳を完成しました。

梶山君の90時間の半分の時間を短縮して英語脳を完成しました。つまり、ミミテック学習器をCDプレーヤーに連結した最新のミミテック学習は更に2倍速い学習効果をもたらしたことになるのです。

1000時間マラソンからするとなんとおよそ20分の1の時間で英語脳が完成！

本メソッドスタートの平成10年4月、ミミテック学習器で英語教科書を音読し、2ヵ月で偏差値10アップをもたらしたレベルから、更に進化をし続けた結果、ミミテック学習器をCDプレーヤーに連結し、「大学受験英語」を毎日30分以上、リスニング・スピーキングを繰り返せば3ヵ月で偏差値20～25アップさせることが可能になりました。

これが現在の最速最短の効率的学習の仕方です。

ここにディクテーション（英語を聞いて書く）等を加えることにより、更に学習効果は加速できます。

三枝明加さんのように英語が苦手だった受験生でさえ、毎日続けるうちに英語学習がおもしろくなります。

それまで聞こえていなかった英語発音が聞こえるようになり、自分の発音もネイティブみたいにきれいな英語発音に近づいていることが分かります。

そしてついに、考え込まなくても英語が英語のまま、理解できる英語脳にチェンジしたことに気づくはずです。

その結果、ほとんどの受験生が苦手とするリスニングテスト、長文読解テストが短時間でラクラク解けるようになり、80点台90点台の高得点を取れます。まさに英語で合否が決まると言っても過言ではなくなるでしょう。

ほとんどの受験生が行なっている「黙って英文を見て、考え込みながら日本語に訳したり、スペルを書く」学習法からすれば、何倍も何十倍も効果のある学習方法です。

その上ミミテック音読学習を行なえば、国語力と記憶力を飛躍させ、国語、地歴、公民、理科の学力アップをもたらし、磐石のものとなります。

この間に身につけた英語耳、英語口、英語脳の英語力は大学入学後、花を咲かせます。梶山君や菊地さんのようにTOEICの高得点取得や、帰国子女に間違えられたりします。

グローバル化がますます加速する中で、実践的英語力を持った者こそ、就職活動や海外留学、海外ビジネスなどの様々な夢や希望、目標を実現可能となるのです。

2章

学習効率をアップする
教科別音読学習法

1、古文、漢文、現代文

古文、漢文などの古典は「一音一音読法」でミミテック音読学習します。「一音一音読法」とは、一字一字をさらに分解し、一音一音に区切って声に出して、ハッキリ読む方法です。寺子屋時代の素読（論語などの音読・暗唱）や武士の子弟が幼少期から学んだ能の謡《うたい》の基本発声と同じです。

ミミテック学習器で行なう際の一音一音読のコツは、一音一音の母音を伸ばし、歌うように音読するところにあります。

ミミテック学習器を通過した自分の一音一音の声が頭の奥深くへ、実に気持ち良くリズミカルに響き、間脳（脳の最深部）にバイブレーション（振動）を起こし、ダイレクトに潜在意識に届きます。そして不思議なほどに言葉の意味が分かります。イメージとなって湧いてきます。これが日本語の持つ独特の言霊《ことだま》パワーを引き出し、言葉の深い意味合いがよく理解できる日本語ならではの技法です。

実際に次の古文、漢文の例で一音一音読をしてみましょう。背筋を伸ばし、深い腹式呼吸でハッキリ大きな声で行なうことが秘訣です。同じようにミミテック学習器を使っている学生でも声が大きい人ほど成果が早く出ています。最初は家族も驚き、塾の先生や塾生もビックリするほどの大きな声です。でも、すぐに慣れます。

そのコツを分かりやすく説明すると、剣道の素振りで「メン！　メン！」「エイ！エイ！」と気合いを発しながら竹刀を振り下ろす時の気合いと同じ要領で一音一音を発声します。

①古文

例…枕草子（清少納言）
春はあけぼの。やうやう《ヨウヨウ》白くなりゆく、山ぎは《ワ》少しあかりて、紫だちたる雲の細くたなびきたる。
・ハ・ー・ル・ー・ワ・ー・ア・ー・ケ・ー・ボ・ー・ノ・ー。
・ヨ・ー・ウ・ー・ヨ・ー・ウ・ー・シ・ー・ロ・ー・ク・ー・ナ・ー・リ・ー・ユ・ー・ク・ー
・ヤ・ー・マ・ー・ギ・ー・ワ・ー・ス・ー・コ・ー・シ・ー・ア・ー・カ・ー・リ・ー・テ・ー、

ムー・ラー・サー・キー・ダー・チー・ター・ル・
クー・モー・ノー・ホー・ソー・クー・ター・ナー・ビー・キー・ター・ルー。

②漢文

例…論語（孔子）

子曰く、学びて時に之を習う、亦た説ばしからずや。
シー・イー・ワー・クー、マー・ナー・ビー・テー・トー・キー・ニー
コー・レー・ヲー・ナー・ラー・ウー、マー・ター・ヨー・ロー・コー・バー
シー・カー・ラー・ズー・ヤー。

実際の学習では、古文も漢文もまず、現代語訳を音読し、意味を理解した上で、この一音一音読を行なうことがコツです。

③現代文

現代文は、最初の1週間はミミテック学習器で「一音一音読」します。その後は普通のスピードでの音読へ戻します。普通の音読といえども、基本は一音一音読法にあります。

現在、小学校で音読が見直され、朝の音読の時間をもうけている学校が全国で増えていることは素晴らしいことです。ただ残念なことは、そこでは「正しい音読」がなされていません。

「正しい音読」とは、腹式呼吸より深い下腹部呼吸（丹田呼吸）で、腹の底から声を出す一音一音読を基本とした音読法です。

これは意外に教師や、プロのアナウンサーも訓練していないのでできません。だから、ほとんどの子どもが、のどだけの発声で音読しています。是非皆さんは「一音一音読」を訓練し、正しい音読法を身につけて下さい。

多くの人は、人前で話すことを恥ずかしがったり、苦手だったりしますが、この一音一音読法で訓練し、正しい音読法が身につけば、自分の殻を破り、腹がすわり、自信を持って何事にも取り組めるようになります。おまけにミミテック学習器が潜在能力を開いてくれます。

日本人は海外へ行くと、大変シャイで自己主張や自己表現が苦手です。ところがミミテック音読で鍛えた先輩達は、海外留学や海外ビジネスに行っても、堂々と外国人と渡り合っています。

2、社会（地歴、公民）、理科（物理、化学、生物、地学）

記憶中心の社会、理科はミミテック音読学習が最も得意とする教科です。メリハリをつけ、ハッキリと音読します。特に重要語句や重要箇所は強調し、3回以上繰り返し音読します。

重要語句や重要箇所はひと目で分かるように色マーカーで傍線を引きます。

一通り音読学習したら、再度、重要語句や重要箇所を数回ノートに書き込みながらミミテック学習器で音読を繰り返します。

そうすることで長期イメージ記憶され、書くことで左脳へも定着します。

3、英語

「大学受験英語」CD教材をレッスンする際、ミミテック学習器をCDプレーヤーと連結して行なえば、効果は更に倍増し、レッスン時間も半分に短縮できます。石橋洋祐君がそれを行なっていました。

この連結システムは、以前にはなかったもので、平成23年夏から始まりました。それに間に合った石橋君のみ、1日20～30分の短時間レッスンを続けることで英語脳作りができたわけです。

「大学受験英語」以外の学校教科書や、テキストの場合は、ミミテック学習器での英語音読学習を行ないます。

付章

耳から覚える
高速学習CD教材　「大学受験英語」

体験版レッスンの仕方

1、一通り、目を通します

分からない語句、単語は point, note を読みましょう。

注

①スピーカーで流したのではミミテックサウンドの効果がありません。

②**必ず、ヘッドホンでお聞き下さい。**

③**音楽用のヘッドホンは使用しないで下さい。**

音楽用のヘッドホンは低音強調のため、高音強調のミミテックサウンドの効果が失われます。

2、同一の英単文が11回繰り返し流れます

（トラック1～16）

その都度、リスニング（聞き）、スピーキング（口真似）して下さい。

大きな声でスピーキングすることがコツです。

声が大きいほど奥深くインプットされます。

日本語	1回	イメージします
英語1倍速	5回	リスニング・スピーキングします
英語2倍速	2回	リスニング・スピーキングします
英語3倍速	2回	リスニングします
英語1倍速	2回	リスニング・スピーキングします

これをテキストを見ながら何通りもレッスンし、体験して下さい。

3、全単文が一通り2倍速、3倍速、1倍速で流れます

（トラック17〜19）

その都度、リスニング（聞き）、スピーキング（口真似）して下さい。

体験版

構文A　仮定・条件を表す構文

01 A true friend would keep his promise.

□ 本当の友達なら、約束は守るだろう。

02 An Englishman would be more polite.

□ もしイギリス人だったらもっと礼儀正しい。

03 You walk as if you had been injured.

□ まるであなたはケガをしたかのように歩く。

04 The woman talks as if she were a leader.

□ その女性はまるでリーダーであるかのような話し方をする。

05 Comfort your child, and he will stop crying.

□ 子どもを励ましなさい、そうすれば彼は泣き止むでしょう。

06 He demanded that he be given an explanation.

□ 彼は説明してもらうことを要求した。

07 Go to bed, or your headache will get worse.

□ 寝なさい、さもないと頭痛がひどくなりますよ。

08 Had I known that you played golf, I would have asked you to be a member of this golf club.

□ あなたがゴルフをすると知っていたならば、このゴルフクラブのメンバーになるように頼んだのに。

point

- □ 01　A true friend would ～ = 本当の友達なら～だろう
- □ 02　An Englishman=If he were an Englishman, he ～ (= もしイギリス人だったら)
- □ 03　as if A had been(過去分詞) ～ =(A は) まるで～であったかのように (仮定法過去完了)
- □ 04　as if A were(過去形) ～ =(A は) まるで～であるかのように (仮定法過去)
- □ 05　Comfort ～ , and ～ = 励ましなさい、そうすれば～ (=If you ～　もし～なら)[命令文]
- □ 06　demand that A be(原形) ～ = ～するよう要求する
- □ 07　Go to bed, or ～ = 寝なさい、さもないと～ (=If you don't ～　もし～でなければ)[命令文]
- □ 08　Had I known(過去分詞) ～ = 私が～と知っていたら (倒置による If の省略)

note

- □ 01　keep one's promise= 約束を守る
- □ 02　polite= 礼儀正しい
- □ 03　injure= けがをさせる /be injured= ケガをする
- □ 04　leader= リーダー、指導者
- □ 05　comfort= 慰める、元気づける
- □ 06　demand= ～を求める、(強く) 要求する /give an explanation= 説明する
- □ 07　headache= 頭痛 /worse= より悪い、もっと悪い (ill の比較級)
- □ 08　play golf= ゴルフをする

仮定・条件を表す構文

09 Had she known about the sale, she would have gone shopping.

□ 売り出しのことを知っていたならば、彼女は買い物に行ったでしょう。

10 I wish I could have stayed there to watch the sun rise above the horizon.

□ 私もそこにとどまって、太陽が地平線上に昇るのを見ることができたらよかったのに。

11 I wish I could tell you the truth.

□ 私があなたに真実を話せればよいのだが。

12 I wish I had been there to respond to the questions.

□ 私がそこにいて質問に答えられればよかったのに。

13 I wish I had studied biology in college.

□ 大学で生物を勉強していたらよかったなあ。

14 I wish I knew the origin of the universe.

□ 宇宙の起源がわかればよいのに。

15 I wish I were on a beach.

□ ここが浜辺ならばなあ。

16 I wish we could do something different this weekend for a change.

□ この週末、たまには違うことがしたいわ。

17 2倍速　18 3倍速　19 1倍速

point

□ 09 Had she known ～ = ～をもし知っていたならば（倒置による If の省略）
□ 10 I wish I could have stayed(過去分詞)～=私がとどまって～すればよかったのだが(仮定法過去完了)
□ 11 I wish I could tell(原形)=私が～を話せればよいのに(仮定法過去:現在の事実と反対の願望を表す)
□ 12 I wish I had been(過去分詞)～=私が(そこに)いて～すればよかったのに(仮定法過去完了:願望を表す)
□ 13 I wish I had studied(過去分詞)～=私が～を勉強していたらよかったのに(仮定法過去完了)
□ 14 I wish I knew(過去形)～=～がわかればよいのに(仮定法過去)
□ 15 I wish I were(過去形)～=～であればなあ(実際はそうでないのが残念だ)[仮定法過去]
□ 16 I wish we could do(原形)=私達が～できればよいのに(仮定法過去)

note

□ 09 sale=売り出し
□ 10 rise=(太陽などが地平線から)昇る、上昇する /horizon=水平線、地平線
□ 11 truth=真実、事実
□ 12 respond=答える
□ 13 biology=生物学
□ 14 origin=源、起源 /universe=宇宙、銀河
□ 15 beach=浜、浜辺、ビーチ
□ 16 weekend=週末 /change=変化 /for a change=気分転換に、たまには

耳から覚える高速学習ＣＤ教材「大学受験英語」　教材内容

収録内容‥‥センター試験、大学入試によく出る内容（１５６８の構文、イディオム等）が、１倍速、２倍速、３倍速の音声で収録されています。

対象レベル‥‥高校生、大学受験生

セット内容‥‥ＣＤ37枚（専用ケース入り）テキスト２冊、教材の使い方、暗記シート

テキスト

暗記シート

教材の使い方

専用CD収納ケース

長文リスニング
発音練習
テキスト

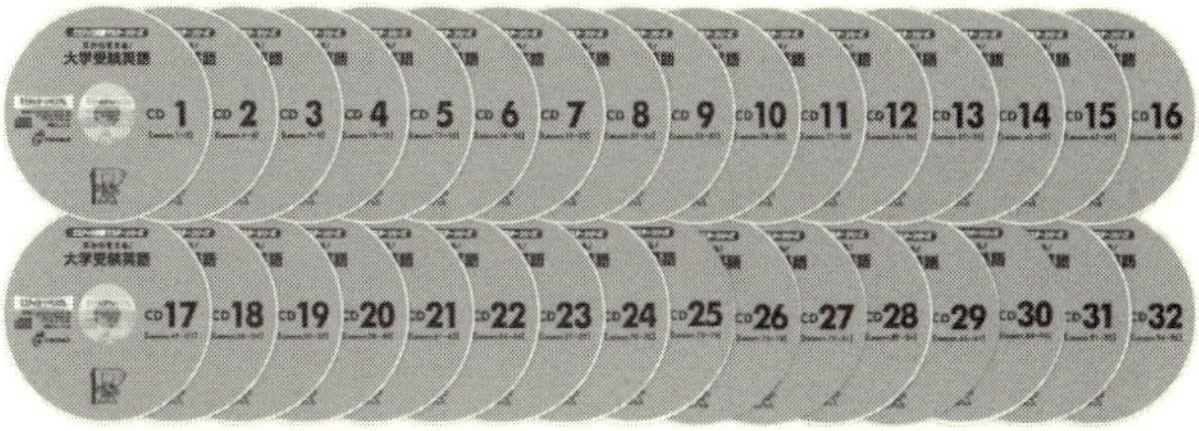

仕上げ練習用CD　4枚

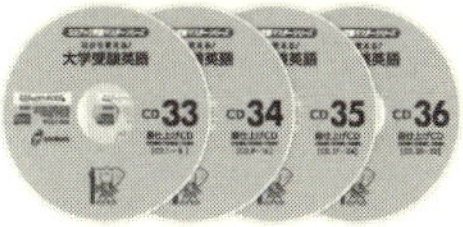

長文リスニング
発音練習
CD
１枚

あとがき

ありえないことが本当に起こる!!

最後まで本書をお読みいただきありがとうございました。本書のタイトルが決してオーバーでないことを納得していただけたでしょうか。

多くの方が最初に本書を手に取った時「英語がわずか3ヵ月で偏差値25アップ」に、〝また大げさなタイトルをつけたものだ!〟と思われることでしょう。

実は知識階層ほど、「そんなことはありえない!」「オーバーなタイトルだ!」とおっしゃいます。

正直、メソッド開発以前でしたら、私でも間違いなくそう思ったでしょう。何故なら受験英語の勉強に、さんざん苦労した苦い思い出があるからです。

そんなに楽にシンプルに、しかも短期間に英語を攻略できるなんて、絶対にありえないという、逆の確信を持ってしまっていたからです。

事実、受験生を子どもに持つ何人もの医師達に、「信じられない！　そんなことはありえない！」と一笑に付されてしまいました。

でも本書の5人の体験レポートを読み、「大学受験英語」のＣＤを体験されて、あなたはどう感じられたでしょうか。

実はわずか1ヵ月で、国立大学へ挑戦した現役高校生のＳ君がいます。彼は年の瀬も迫った12月7日に相談に来ました。センター試験まで1ヵ月しかありませんでした。しかも合否判定ではＤランクでした。

彼は奇跡を信じて「大学受験英語」ＣＤに毎日1時間取り組みました。残念ながら第1志望の国立大学には間に合いませんでした。わずか1ヵ月では無理でした。

しかし、県立大学へは見事に合格していました。浪人が許されない家庭事情から県立大学へ入学したのです。

入学直後、本人が驚くことがありました。英語の実力がダントツの学年トップだったことです。自信を得た彼は、第1志望の国立大学があきらめきれず、現在編入試験を目指して頑張っています。

S君はもともと英語が得意教科だったわけではありません。わずか1ヵ月の「大学受験英語」CDでの勉強で手ごたえを感じ、自信を得たのです。彼を見て私が嬉《うれ》しく思うのは、「自信と目標」を持つようになったことです。

〝やればできる〟と意欲を持って挑戦することに目覚めたことです。当然イキイキと目が輝いています。そしてクリエイティブに目標を持ち人生に挑戦しています。本書に登場する5人も同様です。

明らかに彼らは、知識を詰め込んだマニュアル型人間ではありません。物事や人生にクリエイティブに挑戦し、切り開いていく〝創造型人間〟に変身しました。それまでの左脳回路に偏った受け身の学習の仕方から右脳回路を開き、眠っている潜在能力を引き出す左右両脳学習にチェンジしただけで、人間はこれほど変わるものなのです。

大学受験に成功するだけでなく、是非あなたも自分の力で自分の人生を創造的に切り開いて行ってください。

ミミテックメソッド開発者　松井和義

【著者紹介】

松井和義（まついかずよし）

昭和26年愛知県生まれ。高知大学在学中より能力開発と自己啓発の研究に取り組む。

昭和62年トップマネージメント研究所開設。数百社に及ぶトップマネージメントセミナーや企業教育を手がける。

平成9年11月より「ミミテックメソッド」プロジェクトをスタートしミミテック英語マスター法、ミミテック右脳学習法、ミミテック高速学習法等を開発。

現在、ミミテックサイエンスアカデミー代表取締役、ミミテック代表取締役。主な著書は「最速30日トラベル英会話」（コスモトゥーワン）、「究極の潜在能力開発法」「学び方を変えるだけでたちまち天才脳開花」（ミミテックサイエンスアカデミー）など多数。

▷本書の学習方法の説明・指導を全国の主要都市でのセミナーやミミテック教室で行なっています。

▷詳しくお知りになりたい方はお問い合わせください。

【お問い合わせ】

0120-31-0932

携帯・PHS OK ※携帯・PHSからもご利用になれます。

（受付時間：土日祝祭日を除く10:00〜17:00）

http://www.mtscience.info/

ミミテックサイエンスアカデミー

〒444-0834　愛知県岡崎市柱町東荒子210-202

TEL：0564-58-1131 / FAX：0564-58-1218

E-mail：ssc@mimitech.com

3ヵ月で英語が偏差値25アップ

2012年10月21日　第1刷発行
著　者　松井和義
発行人　杉山　隆
発行所　コスモ21
〒171-0021　東京都豊島区西池袋2-39-6・8F
TEL 03-3988-3911　FAX 03-3988-7062
U R L. http://www.cos21.com/
印刷・製本　日経印刷株式会社

定価はカバーに表示してあります。
ISBN978-4-87795-244-0